INCIENSOS

**Preparación y uso
de las esencias mágicas**

INCIENSOS

Preparación

y uso

de las

esencias

mágicas

CARL F. NEAL

Traducción al Español por
Héctor Ramírez y Edgar Rojas

Llewellyn Español
St. Paul, Minnesota, U.S.A.

PRIMERA EDICIÓN

Edición y coordinación: Edgar Rojas
Diseño del interior: Michael Maupin
Fotografía de la portada: Cover photo © 2003 by Leo Tushaus
Diseño de la cubierta: Lisa Novak
Ilustraciones del interior: Kerigwen
Título original: *Incense; Crafting & Use of Magickal Scents*
Traducido al idioma español por: Héctor Ramírez y Edgar Rojas

ISBN 978-0-7387-0655-9

Advertencia: Los remedios y recetas que aparecen en este libro no tienen como intención reemplazar las consultas y observaciones dadas por profesionales de la salud. Por favor utilice las hierbas según las guías presentadas teniendo en cuenta el riesgo que conlleva su uso. La editorial no asume ninguna responsabilidad por perjuicios ocasionados por el uso de las hierbas presentadas en esta publicación.

La editorial Llewellyn no participa, endosa o tiene alguna responsabilidad o autoridad concerniente a los negocios y transacciones entre los autores y el público. Las cartas enviadas al autor serán remitidas a su destinatario, pero la editorial no dará a conocer su dirección o número de teléfono, a menos que el autor lo especifique.

La información relacionada al Internet es vigente en el momento de esta publicación. La casa editorial no garantiza que dicha información permanezca válida en el futuro. Por favor diríjase a la página de Internet de Llewellyn para establecer enlaces con páginas de autores y otras fuentes de información.

Llewellyn Español
Una división de Llewellyn Worldwide, Ltd.
P.O. Box 64383, Dept. 0-7387-0655-8
St. Paul, MN 55164-0383, U.S.A.

Impreso en los Estados Unidos de América

Para mi madre,
quien me enseñó que todas las cosas son posibles,

para Annette,
cuyas palabras de amor y sabiduría aún puedo oír,

y

para Kelly,
quien nunca dudó de mis capacidades, aunque a menudo yo lo haya hecho.

CONTENIDO

LISTA DE FIGURAS

AGRADECIMIENTOS

HAY TANTAS PERSONAS que me han ayudado, que es imposible nombrarlas a todas. Primero quiero agradecer a aquellos esporádicos profesores que me enseñaron mucho más que el material de clase. Los doctores Biles, Merritt y Perkins me dieron la dirección en escritura, la libertad de acción y las habilidades investigativas que han hecho realidad este sueño.

Doy gracias a los muchos maestros de magia que con su paciencia me han iluminado lugares oscuros a través de los años. Aunque siempre he practicado la magia en forma individual, han sido invaluables la instrucción y el entendimiento que he obtenido de aquellos mucho más conocedores en asuntos de magia. Desde conversaciones personales hasta debates públicos y talleres, todos me han ayudado a poner en palabras sencillas las técnicas mágicas. Mis agradecimientos especiales a Annette y Mike Hinshaw por introducirme a la más amplia comunidad mágica y por ser mis amigos a lo largo de muchos años de altibajos. Agradezco a Mike y mi gran amiga Kelly Killion por su trabajo en la edición de este libro.

También doy gracias a David Oller de Esoterics LLC. Sus constantes persuasiones me alejaron del camino de los ingredientes artificiales y me convencieron de que todo incienso debe ser maravilloso y natural —no sólo incienso ritual—. Agradezco a los cientos de miembros de los numerosos grupos de discusión sobre incienso (incluyendo el de David) a los que pertenezco. Sus preguntas han sido más valiosas para mí que sus respuestas. Espero que este libro sea del agrado para todos.

Introducción

La fabricación de incienso es tan antigua como el control del fuego por parte de la humanidad —que es más antiguo que la historia escrita y a menudo envuelto en el misterio—. Ahora usted tiene en sus manos toda la información que necesita para hacer su propio incienso con ingredientes naturales. Desde el más simple incienso para uso diario, hasta el incienso más elaborado para rituales, con pocos ingredientes y este libro, podrá fabricar cualquier tipo de incienso que desee.

Es importante observar que este libro no está enfocado en fabricar incienso a gran escala. La mayor parte del fabricado comercialmente es incienso "sumergido", que está lejos de ser un producto natural. La fabricación de incienso sumergido apenas es mencionada en este libro y desde luego no es explicada. Hay algunos artículos publicados sobre este tipo de incienso, donde encontrará información sobre su fabricación con materiales sintéticos. El enfoque de esta obra es la elaboración de incienso natural que será una bendición para el usuario.

Cómo usar este libro

Para lograr un conocimiento pleno de todos los factores involucrados en la fabricación de incienso, sugiero que lea este libro por completo. Pero algunas personas estarán ansiosas de "untarse las manos", por eso presento este atajo. Hojee el resto de este capítulo para una introducción general en el mundo del incienso. También examine ligeramente el capítulo 1, poniendo especial atención a las diferentes formas de incienso, y el capítulo 5 para ver las herramientas básicas que podría usar.

Luego lea el capítulo 6, y cuando llegue al final, habrá hecho su primera producción de incienso. Una vez que haya empleado varias recetas de este libro, regrese y lea el resto del texto para ampliar más su conocimiento.

¿Qué es el incienso?

Dicho en pocas palabras, el incienso es algo que quemamos por su aroma. Esa es una definición bastante amplia pero precisa. Para algunas personas quemar hojas equivale a quemar incienso, y la leña se ajusta a esta definición para otros. Para hacer un incienso fantástico no se requieren veinticinco hierbas secretas mezcladas por maestros japoneses. Unos pocos ingredientes simples a menudo crean las fragancias más agradables.

¿Por qué quemar incienso?

Los humanos fuimos bendecidos con cinco sentidos básicos. De ellos, el olfato, después del tacto, es el más íntimo. La mayoría de sentidos humanos tienen procesos nerviosos muy complicados que envían información al cerebro. A diferencia de los otros, el sentido del olfato está "directamente conectado" a este centro nervioso. El hemisferio izquierdo del cerebro controla la mano derecha, pero está conectado con la ventana izquierda de la nariz. El olfato es un rasgo antiguo y el incienso brinda una rápida conexión con el cerebro. La memoria y el olfato están entrelazados profundamente. Ciertos olores pueden transportarnos en el tiempo hasta un lugar o evento memorable del pasado.

El incienso tiene muchas aplicaciones en la vida. Es una forma de "redecorar" una habitación en segundos. Aunque podría tomarnos varios días pintar un cuarto para cambiar su aspecto, podemos transformar su olor prendiendo un simple cono de incienso, sin mencionar que con el incienso es posible "redecorarlo" cada treinta minutos si queremos.

El incienso también es una maravillosa ayuda para la meditación. Los agradables aromas del sándalo y la canela pueden dar mayor profundidad a la sesión meditativa con los efectos resultantes de la persistente fragancia. De hecho, muchos tipos de incienso japonés de alta calidad (y bastante costosos) son parte integral de los hábitos de meditación de gente en todo el mundo. Este incienso puede en realidad crear una reacción bioquímica que tiene efecto en la experiencia meditativa.

Como lo saben los practicantes de magia ritual, el incienso puede marcar una enorme diferencia en todo el proceso mágico. El incienso es empleado para limpiar y crear el espacio sagrado, como una ofrenda en y frente al altar, una forma de generar un ambiente mágico, y una manera de ayudar a que el practicante logre estados mentales específicos. Los efectos del incienso pueden tener un profundo impacto en rituales complejos y magia menor.

Finalmente, aunque es bastante mundano, a veces hay un mal olor que deseamos cubrir. Desde cajas de la basura hasta humo de cigarrillo y pescado rancio, hay cosas en nuestra vida que no huelen tan bien como podrían. Prender un palito de incienso brinda una forma inmediata de modificar el olor de una habitación. Se requiere de trabajo y práctica para elaborar incienso extraordinario, y parece exagerado gastar toda esa energía en cubrir un mal olor, pero el incienso existe para mejorar nuestra existencia. Los malos olores disminuyen el encanto de las alegrías de la vida, por eso es conveniente utilizar incienso para cambiarlos.

¿Por qué hacer incienso?

Debido a que hay tantas marcas de incienso en el mercado, tal vez se pregunte por qué debe molestarse en aprender a fabricarlo. Hay numerosas razones, aunque cualquier comprador de incienso puede beneficiarse de simplemente saber cómo es elaborado. Fabricarlo por sí mismo le permitirá evitar los problemas del incienso sumergido, tener total control sobre los ingredientes usados y cargarlo con su energía personal. Y lo mejor de todo, es divertido.

Incienso sumergido

Tal vez ha oído los términos "sumergido", "remojado" o "doble sumersión" usados para describir incienso. Esta categoría de incienso ha cambiado en las últimas décadas y es algo controversial. Es hecho usando "blancos". Un blanco es un palito o cono de incienso sin aroma. La idea del incienso sumergido es bastante nueva en la larga historia de este arte, y en los últimos años se ha cuestionado su calidad. Originalmente, estos blancos eran hechos del polvo de sándalo y un tipo de goma. Son esencialmente una "base" y un "aglomerante" (en el capítulo 2 los veremos en detalle) que son formados y secados. En lugar de usar materiales vegetales para aromatizar el incienso, los palitos son metidos en aceites. Cuando el incienso se quema, los aceites ardientes emanan la fragancia. Personalmente tengo algunas inquietudes acerca del uso de aceites en general, pero muchos disfrutan diariamente los beneficios de los aceites esenciales. Si se siente bien con éstos, puede usarlos en su incienso sin ningún problema.

Hasta ahora, el incienso sumergido parece muy bien. Los problemas surgen en las prácticas empleadas por fabricantes de incienso comercial. Los aceites esenciales no son usados al fabricar incienso sumergido (pueden haber pequeños productores que los utilizan, pero nunca he podido localizar uno). En lugar de ellos se usan aceites fragantes sintéticos. En la actualidad, no conozco riesgos asociados con aceites sintéticos puros, pero gran parte del incienso sumergido es hecho con aceites adulterados. Muchos fabricantes de incienso comercial y vendedores de aceite aumentan sus provisiones de aceite adicionándole un "extensor". El extensor usado más comúnmente es el DPG, que es una abreviatura de "dipropylene glycol methyl ether". Es un químico que adiciona poco olor al aceite y puede duplicar o triplicar la cantidad del mismo. El DPG es relativamente inocuo en su estado líquido (aunque aun así yo no lo tendría cerca de mí), pero puede producir gas tóxico cuando es quemado. Eso no es algo que deberíamos tener en nuestro incienso.

Además del DPG, los blancos de incienso no son lo que solían ser. Aunque anteriormente eran hechos de sándalo u otras maderas apropiadas, los blancos modernos se elaboran usando cualquier polvo de madera disponible. La mayoría son hechos en países que tienen pocas regulaciones sobre ellos, o ninguna, y podrían contener cualquier cosa, incluyendo nitro o adhesivos malsanos. El fabricante o usuario del incienso no tiene forma de saber qué material podría estar en el blanco. En realidad, usted ha comprado palitos de incienso blancos si ha usado un "pebete" para prender fuegos artificiales —son exactamente lo mismo—. Algunos expertos han sugerido que muchos blancos de incienso liberan químicos peligrosos al ser quemados (principalmente formaldehído), pero nunca he visto una investigación que confirme eso, así que lo aceptaré en parte.

Pocos fabricantes de incienso usarían DPG o blancos peligrosos si comprendieran estos hechos. La triste realidad es que ni siquiera pueden controlar tales factores. Pocas personas podrían gastar el dinero necesario para hacer pruebas en sus blancos y determinar químicos peligrosos. Nunca podrían adicionar DPG a sus aceites, pero no tienen forma de saber si lo hizo la compañía que les vendió el aceite. Muchos mayoristas "rebajan" los aceites fragantes de esta manera para aumentar sus ganancias. Obviamente, nunca se lo dicen a los fabricantes de incienso que les compran el aceite. ¿Tiene amigos que no utilizan incienso porque los hace sentir mal o les origina dolores de cabeza? Los químicos liberados al quemar incienso de baja calidad podrían ser los culpables. Ofrézcales a esos amigos incienso de hierba entera hecho por usted mismo para que lo disfruten sin efectos negativos en lo absoluto.

No quiero dar la impresión de que todo incienso sumergido es un riesgo para la salud o es de más baja calidad. Hay algunos productores dedicados que nunca causarían daño intencionalmente. Si el incienso sumergido es hecho con un blanco de alta calidad y aceites fragantes puros, no debería representar riesgo alguno. Pero es imposible saber la calidad que tiene el incienso sumergido —incluso si lo hacemos nosotros mismos—.

Peor aun, la mayor parte del incienso sumergido no es hecho por personas dedicadas, sino por compañías extranjeras de las mismas naciones que exportan blancos de incienso a otros países. A menudo fabrican su incienso sin considerar nada diferente a su margen de ganancias. No les interesan los problemas que podrían generarse de sus productos. Aunque no es aplicable universalmente, debería tener en cuenta los riesgos del incienso sumergido cuando salga a hacer sus compras. Incluso el incienso procesado y formado en palitos y conos que compre podría contener químicos peligrosos, pues muchos fabricantes aún tienen la mala costumbre de usar nitro (nitrato potásico) y "rebajar" aceites en su incienso.

Control

Todos esos riesgos son una gran razón para que haga su propio incienso. El fabricante tiene control sobre químicos como el nitro o el DPG, y cuando usted haga su incienso podrá omitir estas sustancias peligrosas. Fuera de eso, gracias a que es el fabricante, conoce cada ingrediente usado en el incienso. Cuando elabore el suyo, puede (y debería) evitar ingredientes que no le gusten o le causen una reacción alérgica.

La fabricación de incienso también nos da un control mucho mayor sobre las consideraciones éticas del incienso. La mayoría de fabricantes (incluido yo) nunca adicionan productos animales a su incienso. Algunos prefieren evitar el uso de ingredientes escasos por respeto a la tierra, mientras otros creen que es la mejor forma de honrarla. Si hace su propio incienso, tendrá control sobre cualquier inquietud ética que surja. Las consideraciones éticas de la fabricación de incienso serán discutidas en detalle en el apéndice C.

Otorgar energía

Otra razón para hacer nuestro propio incienso es meramente mágica. Así como es preferible controlar los ingredientes físicos del incienso, los componentes mágicos son igual de importantes. Estoy hablando de transmitir energía al incienso. Naturalmente, podemos comprar incienso comercial y luego tratar de adicionarle energías mágicas. Si el incienso que estamos cargando energéticamente se encuentra lleno de DPG o nitrato potásico, no veo que cargarlo lo haga menos ofensivo a la naturaleza, pero siempre se puede intentar.

No sólo es menos efectivo cargarlo energéticamente después de que ha sido hecho, también existe la preocupación acerca del tipo de energías que puede haber acumulado. La mayor parte del incienso comercial es transportado en buques de carga. Toma meses antes que el incienso llegue a su destino. Luego pueden pasar más meses antes de que aparezca en la vitrina de las tiendas. Durante todo ese tiempo, el incienso ha estado expuesto a muchas influencias externas. Cuando lo compramos, no sabemos bajo qué condiciones fue fabricado. Las energías de una fábrica mal regulada podría no ser lo que queremos ofrecer como un sacrificio al Dios de nuestro camino espiritual.

Si decide elaborar incienso en lugar de comprarlo, puede cargarlo energéticamente durante todo el proceso. Los ingredientes que use tienen sus propias energías, pero puede aumentar ese poder mientras combina, mezcla, amasa y da forma a su incienso. El resultado será un producto que considera apropiado para ofrecer en el altar. Sin importar cuán maravilloso sea el incienso comercial, es imposible superar el poder del incienso que usted mismo haga para usos mágicos. Puede enfocar su propósito para él (amor, salud, prosperidad, etc.) a través de la visualización. Eso será discutido con más detalle en el capítulo 2.

Placer

Aún hay más razones de peso para que haga su propio incienso. Si es un ávido usuario de este producto, entonces saber cómo se hace también es importante para usted. Incluso si nunca piensa elaborar un solo palito de incienso, este libro le dará el conocimiento que necesita para ser un consumidor informado. Tendrá un entendimiento básico que le permitirá ser mucho más crítico al comprar incienso.

Tal vez la razón más importante para fabricarlo es que es divertido. El proceso de elaboración es entretenido, y al quemarlo nuevamente surge la alegría. Si no piensa elaborar incienso para uso ritual, entonces fabríquelo sólo para divertirse —¡no se decepcionará!—

El mundo de la fabricación de incienso

Tan pronto como logre su primera producción de incienso, se unirá a una serie de fabricantes que se extiende más allá de los límites de la historia escrita. Aunque sin duda los primeros fabricantes hacían incienso "suelto" que era quemado en o sobre un fuego, nadie sabe cuánto tiempo ha disfrutado la humanidad los beneficios del incienso. Cuando lo fabrique, piense en esa serie de mujeres y hombres que se extiende más allá de lo concebible. Este es un arte antiguo que podemos seguir explorando en el mundo moderno. Esta será la lección de historia más rápida que probablemente ha tenido, pero quiero darle una idea de cómo ha llegado a este siglo tan preciado arte.

India

La India es la fuente de muchos de los materiales básicos usados en la fabricación de incienso. Con materiales que oscilan entre el fino sándalo hasta la Diosa Mirra, la India ha sido por mucho tiempo el hogar de magistrales fabricantes de incienso. Aunque el fino incienso indio es difícil de encontrar en Norteamérica, muchas tradiciones de este producto provienen de esa tierra lejana. La mayor parte del incienso de la India en el siglo XXI es del tipo sumergido discutido anteriormente.

Tal vez ha oído hablar del "Silk Road" o "la ruta de la seda", pero el comercio de especias indias era también una oferta de ingredientes de incienso aromáticos. Entre los muchos productos que viajaban a través de los continentes se encontraban el olíbano, mirra, sándalo y alcanfor. La India no sólo ofrecía al mundo sus productos, sino también sus tradiciones ligadas al incienso. Las rutas comerciales salían del Oeste de ese país hasta la costa occidental de Europa, y por el Este hasta la China y más allá.

China

Por mucho tiempo China ha sido un país donde todos los aspectos de la vida han sido observados y estudiados detalladamente. Hierbas, tés y el incienso mismo fueron temas de consideración especial por parte de los expertos artesanos chinos. Mientras los chinos se esforzaban por mejorar y perfeccionar su habilidad con los fuegos artificiales, hacían lo mismo con el incienso. Se cree que la China fue el lugar de nacimiento del palito de incienso (que yo llamo "espagueti"), que es la mejor forma de incienso. La novedad del incienso de "autoencendido" (no requiere de una fuente de calor externa) elevó a un arte la fabricación de este producto.

Aunque China también es principalmente un productor de incienso sumergido elaborado en fábrica, ahí aún se produce incienso de alta calidad. Desafortunadamente, no hay una buena fuente de este incienso en Occidente, pero los cambios en China podrían darnos acceso en el futuro. Desde este país, las habilidades del fabricante de incienso siguieron transmitiéndose por el Este hasta el Japón.

Japón

Aunque no son los creadores del incienso, los japoneses quizás son los maestros de su fabricación en el mundo. En el Japón, el arte de la fabricación de incienso fue llevado a alturas inigualadas. Incluso hoy día, los maestros de incienso japoneses tradicionales dedican toda la vida al estudio de este arte. Se requieren decenas de miles de horas para aprender lo suficiente a fin de convertirse en un maestro. Aunque es rara la introducción de nuevos ingredientes, estos maestros pueden crear incienso que es el resultado del trabajo hecho por docenas de ellos en el pasado a lo largo de sus vidas.

Tenemos la fortuna de poder comprar varias marcas de este incienso japonés de alta calidad en Occidente. Es importante observar que sólo porque el incienso es etiquetado "Hecho en Japon", no significa que es el de alta calidad mencionado. El incienso fino por lo general es muy costoso y es, por lo tanto, más difícil de encontrar que parte del incienso de menor calidad fabricado en el Japón.

Europa

Europa también tiene una historia muy larga de uso del incienso. La principal diferencia entre Oriente y Occidente es que los europeos no hicieron la transición al incienso de auto-encendido. Las tradiciones europeas, desde los incensarios de las antiguas Grecia y Roma, hasta los fuegos de los celtas en el Oeste, crecieron en su propio cuerpo de conocimiento. Los ingredientes del Lejano Oriente fueron incorporados a estas tradiciones, pero toda la flora local también fue incluida. Aunque degradadas en algunos rincones del mundo de fabricación de incienso moderno, las tradiciones del incienso europeas son ricas en el conocimiento de la tierra y su poder. Ese es un entendimiento que a veces hace falta en otras tradiciones.

El Nuevo Mundo

Aunque menos conocidos, Norteamérica y Sudamérica también brindan valiosas contribuciones a nuestras tradiciones del incienso. Desde el copal maya que ardía en rescoldo con la sangre de un sumo sacerdote, hasta la quema inca de madera de palo santo, el Nuevo Mundo nos ofrece una variedad de materiales de incienso no disponibles en el viejo mundo. En Norteamérica, la lengua de ciervo (es una planta, no la parte de un animal), la salvia del desierto, el pino e incluso el tabaco son parte de la tradición del incienso. Estos materiales están a disposición de los fabricantes de incienso modernos.

En tiempos antiguos, el mundo era cruzado con el comercio de valiosos aromáticos y especias. Aunque los productos del Nuevo Mundo estuvieron limitados a Norteamérica y Sudamérica hasta el siglo XVI, en tiempos modernos tenemos acceso a una mayor cantidad de aromáticos, y el comercio actual ha hecho comunes y económicos materiales que una vez fueron escasos. En ocasiones, el olíbano ha sido más valioso que el oro (y quien lo ha disfrutado entiende por qué), pero hoy día está al alcance de personas de prácticamente cualquier nivel de ingresos.

xxv

Las filosofías de este libro

Todo libro no novelesco, especialmente uno de esta naturaleza, es escrito con ciertas perspectivas filosóficas. Los métodos que describo en este texto no son los únicos métodos o enfoques que funcionan. No presento el libro como la "última palabra" sobre fabricación de incienso. En lugar de eso, lo veo como un primer paso para un conocimiento más amplio. Si no está de acuerdo con un enfoque o una filosofía que aparezca aquí, lo invito a desafiar tal perspectiva. Sólo teniendo discusiones abiertas, investigaciones y debates podemos mejorar nuestras técnicas y enfoques básicos.

Muchos practicantes de magia ritual ya han recibido entrenamiento específico con el incienso. Diferentes tradiciones siguen filosofías y métodos distintos. Si encuentra que lo que yo digo entra en conflicto con esa formación, siga las enseñanzas de su tradición. No pretendo desacatar a quienes siguen filosofías diferentes, y espero que podamos mostrarnos nuevos enfoques. Los siguientes son algunos de los métodos que empleo.

El método de la hierba entera

Hacer incienso de "hierba entera" es un concepto bastante nuevo para mí, pero soy un firme defensor del mismo. El incienso de hierba entera es hecho sólo de plantas naturales, resinas y maderas. En general, este incienso evita el uso de aceites —incluyendo aceites esenciales—. El enfoque de la hierba entera enfatiza el empleo de material vegetal sobre la utilización de aceites. En lugar de usar aceite esencial de lavanda, utilizaríamos flores de lavanda. Reemplazaríamos aceite de pachulí con una hoja de esta planta. Los aceites esenciales son destilados de material vegetal y están sujetos a cambios químicos durante el proceso. La hierba entera contiene el aceite en su forma natural. Debido a que este es un libro para principiantes, no he incluido aceites en ninguna de las recetas.

Uso de aceites en el incienso

Aunque prefiero el método de la hierba entera, comprendo que a muchas personas les agrade usar aceites en el incienso. Los aceites son poco mencionados en este libro, pero usted verá que el capítulo sobre preparación del incienso le dirá cuándo es conveniente adicionarlos a la mezcla. Si piensa utilizar más de un tipo de aceite en su incienso (tal vez una combinación de ylang ylang y casia), debe mezclar el aceite con varios días o semanas de anticipación. Combínelos en un recipiente de vidrio o cerámico. Una o dos veces al día debe revolver los aceites nuevamente. Luego de unos días, se empezarán a mezclar sus aromas y después pueden ser agregados a la masa de incienso. Los aceites pueden adicionarse al incienso cuando la masa esté lista para ser trabajada. El uso de aceites en el incienso puede ser un asunto complejo. Tal vez trate esto a profundidad en un futuro libro, pero por ahora le diría que utilice aceites si se siente bien con ellos y tiene confianza del conocimiento que tiene de los mismos. Ocasionalmente empleo aceites, pero en general hago incienso sólo con hierbas.

Método de la mezcla seca

Este libro también enfatiza el método de la "mezcla seca". Esta técnica reúne todos los ingredientes secos, incluyendo el aglomerante. Agua (u otro líquido) es adicionada y luego el incienso es amasado para darle forma. Hay otros fabricantes que están a favor del "método húmedo", donde el aglomerante y el agua son mezclados primero y luego se agregan los demás ingredientes. Este método funciona para la mayoría de las recetas de este libro, pero no entro en explicaciones detalladas en cuanto a cómo hacer eso. Encuentro que el método de la mezcla seca es el más fácil y preciso —especialmente para fabricantes novatos—. Pero si desea usar el método húmedo, o tiene experiencia con él, siéntase libre de emplearlo.

Recetas tradicionales

Quiero distinguir esto de las tradiciones mágicas que acabé de tratar. No me refiero a una tradición mágica (a veces llamada "camino" o "sistema"). En muchos libros (y en muchos sitios en la Internet) encontrará recetas "tradicionales". Cada vez que vea en este libro la palabra "tradicional" entre comillas, estoy hablando de estas recetas que rara vez son tradicionales en lo absoluto. Muchas veces la "tradición" de tales recetas se remonta a diez o veinte años atrás. Un gran número de ellas también requieren ingredientes poco comunes conseguidos de forma extraña (flores cogidas junto a un arroyo en un día de número impar). Tales cosas se encuentran con mayor frecuencia en recetas destinadas a disuadir futuros magos y no son un requerimiento real. Es verdad que recolectar plantas bajo la luna llena, en el equinoccio, etc. puede aumentar el poder de los ingredientes. Simplemente tenga cuidado con cualquier receta que esté señalada como "tradicional", a menos que tenga mucha fe en la fuente del material. Además, tenga en cuenta que incluso las recetas tradicionales auténticas pueden contener productos que ya no están disponibles o son cuestionables éticamente. Sugiero que los sustituya con materiales más apropiados.

Los males del nitro

También quiero advertir sobre una antigua práctica que debe ser evitada. Muchos libros de fabricación de incienso (incluyendo unos muy buenos) abogan por el uso de nitro (nitrato potásico). Lo animo a no seguir dicha práctica. El incienso que no se queme sin nitro en la receta, debería ser reformulado. El incienso formulado apropiadamente arderá sin el uso de este químico dañino. No sólo le adiciona un olor desagradable al incienso, también le cambia sus energías mágicas. El nitro está bajo el signo de fuego, y si lo emplea en todo el incienso inclinará su trabajo hacia ese signo. Si el fuego se opone a su magia, podría perjudicar en lugar de ayudar. Por encima de todo eso, el nitro es un material peligroso. No se puede enviar legalmente por correo o barco utilizando la mayoría de los medios de transporte sin pagar grandes costos adicionales. Sé que algunas compañías lo venden sin tomar esta precaución extra, y eso presenta un riesgo para los portadores. Es peligroso tenerlo en la casa y yo lo animo a que nunca lo incluya en su incienso.

Experimentación

La última filosofía que quiero explicar es la práctica de experimentar. Hay muchos "expertos" en incienso que creen que la experimentación debe ser dejada sólo para los fabricantes más capacitados. Primero, piensan que esta práctica nunca arrojará resultados tan buenos como los del incienso comprado a distribuidores de alta calidad. Segundo, creen que la fabricación de incienso es bastante poderosa y manos no adiestradas podrían ser un peligro. Encuentro que la probabilidad de eso es muy remota. Experimentar es la única forma de aprender y explorar, y el incienso es un arte que amerita exploración. También es la única manera de usar ingredientes locales que no son mencionados en los libros. Si se siente bien con la experimentación, ¡adelante! Las recetas de este libro le mostrarán una serie de ellas suficientemente grande para que se entretenga durante años.

La fabricación de incienso es una antigua tradición que se extiende mucho más allá de la memoria de la humanidad. Ser un fabricante de incienso es tan simple como seguir leyendo este libro, pero luego será parte de un legado que es más antiguo que la escritura. Y lo más importante, hacer incienso le dará la oportunidad de hacer una conexión espiritual con la naturaleza que no puede encontrarse de otra forma. La posibilidad de cargar energéticamente su incienso desde el comienzo hasta el final, hacer incienso natural y puro, y lograr una relación íntima con el producto terminado (una conexión que no es posible con el incienso comercial), son razones de peso para fabricarlo. Y no lo olvide ¡también es divertido!

CAPÍTULO UNO

LA IMPORTANCIA DE LA FORMA

AUNQUE LA MAYORÍA de las personas sólo están familiarizadas con los conos y palitos (con varas de bambú) de incienso, éste viene en diversas formas. En principio esto podría no parecer tan importante, pero la forma también tiene un gran impacto sobre la manera en que el incienso arde y las herramientas requeridas para su fabricación. Debemos examinar en detalle la forma del incienso para mejorar su combustibilidad e incorporarlo adecuadamente en los rituales.

Incienso suelto

Ésta es desde luego la forma más antigua de incienso. Nacida alrededor de las hogueras de los antiguos, la práctica de agregar leña y plantas aromáticas a una hoguera ardiendo en rescoldo, seguramente señala el nacimiento del incienso. El incienso "suelto", a diferencia de los palitos o conos, no es una forma que "arde por sí misma". Esto es, debemos suministrar calor al incienso suelto o se apagará.

En tiempos modernos, la manera más común de hacer eso es usando pastillas de carbón vegetal dentro de un quemador de incienso. Los quemadores para incienso suelto (llamados "incensarios") serán tratados en detalle en el capítulo 3, pero el carbón merece un comentario aquí. La mayoría de personas que queman incienso suelto utilizan pastillas de "autoencendido". Estas son pastillas redondas de carbón vegetal que usualmente tienen una impresión circular en el centro, usada como un tazón para contener los aromáticos que se ponen sobre el carbón. Fabricadas por diferentes compañías, son encontradas con diversos nombres. Si prefiere quemar incienso suelto, le recomiendo que no use este tipo de carbón. Es de "autoencendido" porque está lleno de nitro. Después de sostener una llama en el borde del carbón de quince a veinte segundos, éste empezará a chispear. Una línea ardiente avanzará por la superficie del carbón y luego la pastilla comenzará a brillar. Ese es el nitro. Las hace fáciles de encender, pero también oler muy mal y arder con mucha intensidad.

2

Si utiliza este tipo de carbón vegetal, haga lo siguiente. Prenda el carbón como lo haría normalmente, pero no ponga nada sobre él. No use tapa sobre el incensario, y asegúrese de que éste se encuentre limpio. Deje que el carbón arda dos o tres minutos mientras usted está sentado lejos de él. Acérquese de nuevo al incensario y huela. Si percibe un aroma agradable, probablemente el incensario tiene residuos de aceite o resina. Lo más posible es que detecte un olor sutil pero muy desagradable. Ese es el carbón. Dicho olor se adiciona a lo que se quema en el carbón. El noventa por ciento de él proviene del nitro en el carbón.

¿Esto significa que no debemos quemar incienso en carbón vegetal? ¡Definitivamente no! Como verá más adelante, esta forma es útil para todos los fabricantes de incienso. Permite probar nuevos aromáticos y mezclas sin emplear los recursos para amasar incienso y darle forma. La buena noticia es que hay dos soluciones para este problema. La primera, y en mi opinión la mejor, es dejar de usar carbón de autoencendido. En lugar de eso, utilice carbón de bambú. Este tipo de carbón japonés tradicional es hecho sin el uso de nitro. Es un poco más difícil de prender que el tipo de incienso de "autoencendido" (y también más costoso), pero descubrirá que por los resultados vale la pena el esfuerzo. Este carbón tiene el olor más débil y será mínimo su impacto sobre el perfume de los aromáticos que podría quemar sobre él. Para eliminar totalmente el olor del carbón puede prenderlo al "estilo kodo" (vea el apéndice E). Un segundo método japonés para evitar el carbón de autoencendido, es "quemar makko" (también visto en el apéndice E), pero personalmente odio ver a alguien gastando makko de esa forma, así que sugiero conseguir carbón de bambú.

El incienso suelto es una gran técnica, pero tiene varias desventajas. La principal es que no arde por sí mismo. Incluso si usamos carbón de bambú de alta calidad, se necesita un incensario, ceniza o arena, y el incienso mismo. A la inversa, podemos cargar un cono de incienso en el bolsillo y prenderlo en cualquier parte. Eso es mucho más simple que el incienso suelto. El humo es otro problema. Tenemos menos control sobre la cantidad de humo producido. Los usuarios principiantes en particular tienden a poner demasiado material en el carbón y generan mucho humo. El carbón que contiene nitro arde intensamente y quema una gran cantidad de material rápidamente, y de este modo tenemos que seguir reponiendo el incienso para quemarlo continuamente. Esto también pasa con otros tipos de carbón vegetal.

Todos los fabricantes deben aprender a quemar incienso suelto. Fue la primera forma de incienso y sigue siendo muy útil. Simplemente no es apropiado usarlo. Es mucho más fácil cargar un poco de incienso de autoencendido que todo lo requerido para el incienso suelto. También tenemos control sobre la cantidad de humo. Tenga estas herramientas para experimentación. En este libro no hablaré mucho sobre la composición del incienso suelto. Hay numerosas publicaciones que tratan a profundidad esta forma de incienso. De hecho, la mayoría de libros de la Nueva Era que tienen "incienso" en el título sólo, están dedicados al incienso suelto o hablan vagamente del incienso de autoencendido, así que le dejaré a ellos los detalles de hacer incienso suelto.

3

Palitos con varas de bambú

Así piensa la mayoría cuando se menciona el incienso. En la actualidad tiendas de comestibles y farmacias ofrecen marcas de incienso conocidas a nivel nacional. Muchos prefieren esta forma de incienso, pero yo considero que es la peor. ¿Se ha preguntado por qué el incienso tiene esa vara? ¿Ayuda a que el incienso arda? No, en realidad suele impedir que el palito se queme. Hay dos tipos de incienso que usan varas de bambú. El primero es el incienso amasado y formado en palitos. Éste es raro, pero conocido. Hay incienso natural muy débil que no se sostiene solo ni aún cuando está seco. Es envuelto alrededor del palito para apoyarlo. Algunas personas también amasan incienso y luego insertan una vara de bambú en el palito (al menos un fabricante importante lo hace).

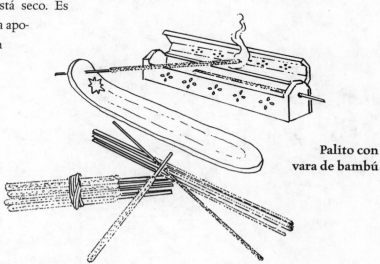

Palito con vara de bambú

Más comúnmente, el palito en cuestión se origina como un palito de incienso "blanco", y luego se le adiciona aceite. La gran mayoría de incienso comercial es hecho de esta manera. Este tipo de incienso es fácil de elaborar. "Blancos" no aromatizados, los que obtenemos al comprar "pebetes" en ventas de fuegos artificiales, son remojados en aceites fragantes sintéticos. La mayoría de los palitos (e incluso conos) en el mercado son hechos de esta forma (incluyendo las marcas más populares). Personalmente, prefiero el incienso natural y evito quemar ese tipo de incienso. Es probable que usted piense lo mismo cuando haya leído este libro, o si no al menos sabrá lo que está comprando.

Ignorando la razón para su uso, la vara tiene un inconveniente. Varas de bambú se resisten a arder. Al encender una broqueta de bambú arderá por un momento y luego se apagará. Por lo tanto, el incienso debe arder muy bien para quemar también la vara de bambú. Si prepara incienso natural que necesita el sostén, use las varas. De otra manera, ignore la vara de bambú.

Si las varas son tan malas, ¿por qué las fabrican? La razón principal es la fortaleza física. Esta vara hace el incienso más resistente en su transporte. Las formas de incienso más finas son más propensas a quebrarse que el incienso con varas de bambú. Tenga en cuenta que la mayoría de incienso vendido en Norteamérica es hecho en la India. Incluso la mayor parte del fabricado en Norteamérica es producido usando blancos de incienso hindú o chinos.

Conos

El cono es relativamente reciente en la fabricación del incienso. Sólo tiene cien años y también fue creado por la durabilidad en el embarque y transporte. Sin embargo, a diferencia de la vara, el cono es una bendición para sus fabricantes. Los conos son duraderos y, cuando son hechos correctamente, arden bien. Los disponibles comercialmente a menudo tienen muy mala forma, por eso no recomendaría tratar de duplicarlos. Un cono debe ser largo y delgado, pero la mayoría de conos comerciales son cortos y anchos. Eso los hace más difíciles de quebrarse pero también más difíciles de arder. Sus fabricantes suelen superar este problema empapándolos en aceite. Si se coloca suficiente aceite en ellos, cualquier forma de cono se quemará.

**Incienso
en forma de cono**

Los conos son buenos por varias razones. Son fáciles de hacer incluso para los fabricantes novatos. La forma puede ser elaborada toscamente o hecha de manera refinada y aun así arderá. Los conos también pueden ser moldeados. Son relativamente resistentes, por eso se pueden cargar en el bolsillo. Hacer un quemador para un cono es tan fácil como conseguir una lata de bebidas o incluso colocar una moneda de sobre una roca. Si hacemos conos con la mano, cada uno tendrá un aspecto distinto. El moldeado tiende a darnos una uniformidad más comercial. Sólo tenga en cuenta que amasar buenos conos es un poco más difícil que hacer cilindros delgados.

5

Espaguetis y cilindros

Esta es la mejor forma que se le puede dar al incienso. Los cilindros son esencialmente varas redondas de incienso. Su espesor oscila entre el de un lápiz y el de un palillo. Los cilindros por lo general brindan las mejores propiedades de encendido y maximizan la probabilidad de fabricar un buen incienso. Entre más delgado es el cilindro, mejor arderá.

Esta forma de incienso también es llamada "pebete". Yo llamo "espaguetis" a los cilindros que tienen el espesor del espagueti o más delgados. Usaré ese término en todo el libro. Los espaguetis son la mejor forma de incienso para la mayoría de propósitos. Arden mejor que cualquier otra forma. Son fáciles de prender y pueden ser hechos con cualquier longitud. La única desventaja es que son más frágiles que los otros tipos de incienso. Los espaguetis pueden ser hechos con la mano o exprimidos (para los detalles sobre exprimir, vea el capítulo 6). También podemos hacer "cilindros" cuadrados. De vez en cuando encontramos palitos comerciales que son cuadrados. Éstos son fáciles de fabricar aplanando la pasta de incienso y cortando los palitos en lugar de amasarlos y formarlos en forma individual.

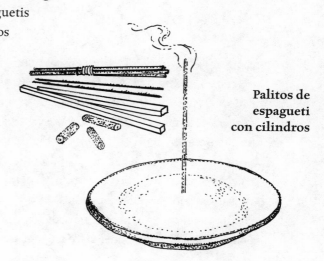

Palitos de espagueti con cilindros

Incienso enrollado

El incienso enrollado es una versión del espagueti ligeramente modificada. En lugar de dejar el cilindro derecho, el incienso es enrollado en espiral. Esta es otra forma muy antigua, conocida hace mucho tiempo en Oriente. Las grandes ventajas del incienso en espiral son su duración al quemarse y la pequeña área de almacenamiento requerida. Un espagueti puede ser fabricado bastante largo, pero a mayor longitud será más propenso a partirse. El tamaño práctico del espagueti es de unos tres pies de largo. Un palito de esa longitud es muy difícil de guardar sin que se dañe, y necesitaría una caja de igual tamaño. Un rollo hecho con un espagueti de tres pies sólo requeriría de nueve pulgadas cuadradas para ser almacenado. El incienso enrollado puede ser fabricado de cualquier longitud deseada.

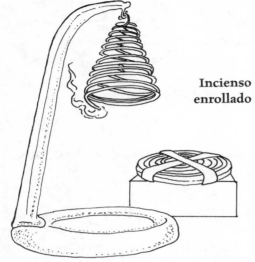

Incienso enrollado

Otras formas

Mientras está húmedo, el incienso es muy similar a la arcilla húmeda. Puede moldearse prácticamente de cualquier forma. Eso le da al fabricante mucha flexibilidad y facilita actividades creativas. El disco de incienso es una forma divertida. Una vez suministré a una clase de escuela dominical suficiente material para hacer cincuenta discos con olíbano. En lugar de quemar el incienso, hicieron discos con un pequeño agujero. Luego los niños metieron una cuerda a través del agujero y pudieron cargar el incienso. He hecho discos como este con grupos y ha sido muy divertido. Generalmente el incienso se comba un poco al secarse y los discos no permanecen planos, pero son una forma única de mostrar nuestra habilidad con el incienso. Si se fabrica muy delgado, el incienso arderá en forma de disco. También podemos partir pedazos del disco y quemarlos.

Además del disco sencillo, podemos conseguir moldeadores de galletas baratas y dar la forma que queramos a la masa de incienso húmeda. Tal vez la forma no se queme por completo, pero a menudo si sucede. La mayoría de personas nunca utilizan incienso novedoso de tal naturaleza. Si lo hace, descubrirá lo divertido que es trabajar con el incienso húmedo.

Otra forma poco común es el incienso "húmedo" (también llamado incienso "amasado"). Este es un incienso que nunca se secará por completo. Hay una famosa receta de Kyphi egipcia que ha sido reimpresa en muchos libros sobre el tema. El incienso es elaborado con miel como aglomerante y está destinado a mantenerse húmedo y ser quemado sobre carbón vegetal. En japonés el incienso húmedo es conocido como "nerikoh". Se elabora usando miel o carne de ciruela y es envejecido en un recipiente sellado que es enterrado de varios meses a varios años. En realidad, el incienso húmedo es poco común y fue un paso importante para hacer incienso de autoencendido. También es muy divertido hacerlo.

Debido a que es tan fácil trabajar con la masa de incienso, podemos hacer con ella muchas cosas. El límite sólo es nuestra habilidad artística. Desde cabañas de troncos hasta esculturas abstractas pueden ser hechas usando cilindros como material de construcción, o podemos darle cualquier forma que deseemos. Hay dos sugerencias importantes que quiero dar al fabricante de incienso creativo. Primera, no empiece tratando de elaborar esculturas. Inicialmente debe aprender a elaborar buen incienso, luego pruebe su talento manual. Segunda, use tiras de incienso delgadas si piensa quemar su obra de arte. Si va a construir una cabaña de incienso, por ejemplo, deje las diversas capas de "troncos" separadas de las capas superiores. Si todos los troncos arden al mismo tiempo creará una gran cantidad de humo, sin mencionar que su obra se quemará rápidamente. El papel encerado funciona bien para evitar que las capas se peguen mientras se secan.

Otras formas de incienso

7

Elección de la forma

Además de conocer las fortalezas y debilidades de cada forma, hay otros factores a considerar al escoger la forma de incienso que se desea fabricar. Tenga en cuenta que cada masa de incienso puede ser usada para crear más de una forma. Podría dividirla en partes para hacer algunos conos, espaguetis y rollos (o la combinación que prefiera).

El primer factor en que debe pensar son las herramientas y el espacio de trabajo disponibles para usted. Si desea hacer palitos exprimidos, por ejemplo, necesitará un exprimidor. Si va a hacer conos moldeados, necesitará un molde. Puede elaborar espaguetis (o incluso cilindros gruesos) de más de doce pulgadas, pero, ¿tiene una tabla de secado suficientemente grande para poner un palito así de largo? Los rollos y conos requieren el menor espacio para ser formados y secados.

El siguiente factor a considerar es cómo piensa usar el incienso. ¿Necesitará que arda mucho o poco tiempo? Tenga en cuenta que la duración del incienso está determinada principalmente por su longitud. Entre más largo sea el incienso (o más alto el cono), más tiempo arderá. El incienso grueso se quemará un poco más despacio que el delgado, pero tenga cuidado de no hacerlo demasiado grueso, pues tiende a apagarse —nunca haga incienso más grueso que un lápiz sin punta—. También debe pensar en dónde será quemado el incienso. Si va a usarlo al aire libre, podría hacer palitos con varas de bambú. Si necesita que el incienso arda mucho tiempo pero tiene poco espacio, entonces el incienso enrollado sería la elección perfecta.

Finalmente, si va a fabricar incienso para propósitos rituales, debe tener en cuenta sus propias prácticas rituales y el hechizo específico que está planeando. ¿Cómo usa el incienso en su altar? (Para sugerencias específicas sobre este tema, vea el apéndice D). Si normalmente utiliza un incensario e incienso suelto, podría dejar en forma de polvo al menos una porción del incienso mezclado seco. Sólo deje un poco a un lado antes de agregar líquido. Si piensa usar un cono o palito de incienso, ¿tiene un quemador apropiado que sienta cómodo usándolo en el altar? ¿Qué clase de incienso sería mejor para el hechizo planeado? Si su hechizo requiere sólo una mezcla o aromático, podría hacer un solo palito largo o rollo. Si requiere el uso de diferentes aromáticos en ciertos momentos del hechizo, podría hacer una serie de pequeños palitos o conos y luego prender cada uno en el momento indicado. Con su nuevo conocimiento sobre el uso y la fabricación de incienso, podría incluso reformar el hechizo para incorporar las nuevas ideas.

El incienso puede ser formado de diversas maneras. Desde el humilde cono hasta el más largo espiral, nos brinda placer y energía. Darle forma al incienso es una gran oportunidad para dejar fluir nuestra capacidad creativa. Considerar la forma de incienso que queremos crear requiere el conocimiento de las formas en sí y el uso y propósito mágico del incienso. Personalmente, me gusta hacer incienso de muchas formas. Ensáyelas todas y descubra qué se ajusta mejor a usted.

CAPÍTULO DOS

COMPOSICIÓN DEL INCIENSO

HAY DIFERENTES FORMAS de analizar la composición del incienso. Estoy seguro que muchas perspectivas tradicionales en cuanto a cómo es hecho el incienso podrían enfocar el tema de forma distinta, pero el presente método funciona y es muy simple. Para los propósitos de este libro analizaremos el incienso compuesto de tres partes físicas: aromático, base y aglomerante. El componente final, no físico, es su aspecto mágico.

Aromáticos

El aromático es la parte del incienso que principalmente suministra la fragancia. Cualquier planta, resina o madera puede usarse como aromático siempre que su olor nos agrade al ser quemada (y podamos estar algo seguros de que no es dañina). Muchas mezclas de incienso "tradicionales" requieren materiales desagradables o peligrosos como aromáticos, por eso doy la siguiente sugerencia importante: si su olor es desagradable, no lo use. Si encuentra una receta de incienso que requiere pachulí, y a usted no le gusta el pachulí, no lo use. Si encuentra una que requiere flores de lavanda, y usted es alérgico a esta planta, no las incluya a pesar de sus propiedades mágicas.

¿Eso significa que debemos usar sólo aromáticos que huelan maravillosamente? No en lo absoluto. A veces es sorprendente que un aromático con un olor muy fuerte o inusual se mezcle bien con otro aroma cuando es usado con precaución. Muchos aromáticos no huelen bien al ser quemados solos (por ejemplo, la cúrcuma), pero pueden producir una fragancia muy agradable en combinación con otros. Algunos aromáticos son muy fuertes y deben ser utilizados sólo en pequeñas cantidades (por ejemplo, sangre de dragón). Estos huelen maravillosamente cuando se usan en las proporciones correctas, pero pueden ser abrumadores si se emplea una cantidad excesiva. A veces, con una mezcla cuidadosa, podemos incluso estimular una fragancia con una combinación de aromas que no tienen relación alguna. Tengo una combinación de cedro rojo y mirra que sorprendentemente huele a canela.

Para probar un aromático, siempre hay que quemarlo. Cuando abrimos una bolsa de olíbano somos deleitados con una fragancia maravillosa, pero eso no es garantía que el aroma permanecerá al quemarse. Si abrimos una bolsa de gránulos de mirra, oleremos muy poco. Incluso la mirra en polvo tiene un aroma suave. Sin embargo, una vez que le aplicamos calor, recibimos una gran fragancia que estaba oculta en la resina. Esto es liberar la Diosa en el humo. Probar un aromático quemándolo es la única forma de saber con certeza cómo olerá al ser usado en el incienso. Es buena idea probar también las mezclas de incienso antes de crear las formas, pero desde luego no es obligatorio.

Hay un par de maneras de quemar los aromáticos. La forma tradicional es quemando el aromático sobre carbón vegetal. Este es un método excelente, pero no olvide las advertencias sobre carbón de "autoencendido" presentadas en el capítulo 1. Si es posible, use carbón de bambú de alta calidad para sus pruebas (vea el apéndice E). Esta es la forma más común de quemar incienso en los rituales, por eso las herramientas para hacerlo son fáciles de conseguir (o incluso hacer).

Si no quiere usar carbón, también puede emplear una sartén vieja (no olvide que después de utilizarse para incienso no puede usarse para alimentos) sobre un calor bajo en su estufa. Como alternativa, ponga una pequeña lámina de metal sobre la llama de una vela y pruebe los aromáticos de esa manera. Sostenga la lámina con tenazas u otra herramienta, pues podría quemarse con el metal caliente.

Nota final: sin importar cuál método use, una vez que el aromático sea quemado, remuévalo de la fuente de calor. Es probable que deje cenizas en el carbón y continúe calentándolas mucho tiempo después. El olor resultante puede ser muy desagradable. Con el incienso de autoencendido no debe preocuparse de que eso ocurra. El carbón produce calor incluso después que se ha quemado el incienso, pero con incienso de autoencendido arde y se apaga. Raspe el material del carbón o remuévalo del calor una vez que haya sido quemado.

Consideraciones mágicas

Al elaborar incienso para usar en rituales, o para cualquier propósito mágico, también debemos considerar las propiedades mágicas de los ingredientes utilizados en el incienso. Esto complica el trabajo como fabricantes, pero también hace que los beneficios sean mucho mayores. Más adelante veremos eso en detalle.

Los aromáticos pueden definirse en tres categorías: resinas, materiales vegetales o maderas. Hay algunos aromáticos que no pertenecen a estas categorías. Cada tipo de aromático se comportará de una manera un poco diferente en el incienso, por eso es importante conocer las diferencias.

Resinas

Las resinas son la savia o el fluido seco de plantas y, más a menudo, de árboles. Ejemplos de ellas son el olíbano, mirra y sangre de dragón. Las resinas suelen ser pegajosas (más aún cuando son calentadas), por tal razón tenga cuidado al molerlas. Si las calienta en el molino, después tendrá una dura tarea limpiando el aparato. La mayoría de resinas pueden ser molidas hasta convertirlas en polvo con facilidad, aunque algunas retienen demasiada humedad que puede complicar el trabajo (esto es cierto en el caso de la mirra). Por lo general son muy fuertes, y deben ser usadas con moderación. Cuando utilice una resina por primera vez, tenga el cuidado de adicionar a su mezcla sólo una pequeña cantidad. En muchas ocasiones he reducido a la mitad la resina en una receta sin minar su aroma en lo absoluto, así que no subestime la potencia de estos aromáticos.

Materiales vegetales

Aunque la mayoría de aromáticos son sacados de plantas, en esta categoría me refiero específicamente a material de hojas, tallos o raíces. La madera es una categoría aparte, pero los materiales vegetales incluirían las raíces, la corteza o las hojas de los árboles. El pachulí, salvia, lavanda y otros aromáticos son materiales vegetales. La mayoría de éstos son fáciles de pulverizar. Pueden arder con facilidad o ser muy difíciles de quemar. La mayoría de elementos que se producen para la fabricación de incienso caen en esta categoría. Casi toda la materia vegetal en el mundo tiene un olor similar al ser quemada. Hay cientos de plantas apropiadas y producen fragancias maravillosas. Pero no se decepcione si las flores de buen olor que cultivó en el verano terminan oliendo a perro mojado cuando se queman en forma de incienso. Por eso es importante probar el nuevo aromático antes de mezclarlo en el incienso.

Maderas

Esta última categoría de aromáticos se refiere a las maderas muy fragantes. El sándalo, pino y cedro son ejemplos de ellas. No es sorprendente que las maderas sean los aromáticos más fáciles de quemar. Si tiene problemas para encender un trozo de madera, probablemente tiene humedad, y debe ser bien secada antes de emplearse de nuevo. Las maderas son los aromáticos más difíciles de pulverizar, y cuando sea posible es mejor comprarlas en forma de polvo. Siempre que la madera tenga una fragancia fuerte puede ser usada como aromático. Si el aroma es débil, se puede utilizar como base.

Bases

El material base por lo general consiste de madera en polvo. Pueden usarse muchos tipos de madera, pero logro mejores resultados con maderas blandas en lugar de duras. La clave para una buena base de madera en polvo es el aroma. Se necesita el olor más leve posible, que debe ser agradable. Se puede utilizar un material base con olor fuerte (tal como el pino), pero luego hay que verlo también como un aromático. Por ejemplo, no usaríamos pino como base si tratamos de crear un aroma floral.

En la actualidad podemos lograr los mejores resultados con materiales económicos. Si desea usar el cedro como aromático, debería emplear madera con una gran cantidad de aceite natural. Por otra parte, si utiliza cedro como base, entonces mientras menos aceite tenga, menos aroma adicionará a las mezclas de incienso. Madera en polvo altamente procesada (tal como la madera a la que se le ha extraído su aceite) a menudo brinda el mejor material base. El cedro rojo (que no es cedro en lo absoluto) tiene poco olor y es una buena base, pero es difícil de pulverizar.

Los materiales base sirven para dos propósitos fundamentales. El primero es mejorar las propiedades de encendido del incienso. Muchos aromáticos se resisten a quemarse, y la base ayuda en este proceso. Los materiales vegetales frondosos en particular son muy difíciles de prender. La base usada puede mejorar las propiedades de encendido de todo el incienso. Una de las primeras formas de mejorar tales propiedades es aumentar la cantidad de material base en la mezcla de incienso. Aunque no es una madera, el clavo también es una base importante. Adicionarlo a una mezcla de incienso la hace arder más intensamente y de este modo permite utilizar aromáticos que son más difíciles de quemar.

El segundo propósito de un material base es mejorar el aroma del incienso. Esto se logra "suavizando" el olor. Si la mezcla aromática produce una fragancia demasiado fuerte cuando es quemada, aumentar la cantidad de material base será de mucha ayuda. Es como "bajar el volumen" del aroma. Según esto debemos usar la menor cantidad de base posible que aún produzca una mezcla que arda y huela bien. Agregar demasiada base hace que el incienso se queme bien pero no tiene el poder deseado.

Aglomerantes

El componente final del incienso amasado es el aglomerante. Éste sirve para mantener la consistencia del incienso y permite darle la forma que queramos. Los aglomerantes oscilan entre gomas vegetales y (de acuerdo a la leyenda popular) estiércol animal. Para este libro me enfocaré en aglomerantes fáciles de usar que pueden ser encontrados con una razonable facilidad. Digo "razonable" porque conseguir un aglomerante puede ser la tarea más difícil. En el capítulo 4 veremos esto en detalle.

Goma arábiga o acacia

Este es un aglomerante recomendado en muchas recetas nuevas y "tradicionales". Fue uno de los primeros usados en Occidente y creo que debería ser dejado en el pasado. Pero es un poco más fácil de encontrar que muchos de los otros aglomerantes, por eso merece ser mencionado. La goma arábiga (o goma acacia) es un polvo blanco que a veces tiene un ligero olor a menta. Cuando se mezcla con agua forma una goma. A menudo es usada para espesar salsas y bebidas gaseosas. Aunque sé que la mayoría de información sobre fabricación de incienso disponible usa goma arábiga como aglomerante, a decir verdad no lo recomiendo.

Como aglomerante da consistencia al incienso, pero tiene algunas desventajas. Primero que todo, es muy pegajosa. Eso la hace difícil de manejar porque tiende a adherirse a las manos y las herramientas. También puede cristalizarse en la superficie del incienso y en casos extremos llega a desprenderse. En general, es difícil trabajar con esta goma, y no la recomiendo para fabricantes de incienso novatos. No se presta bien para moldear o exprimir. Por el lado positivo, a veces se consigue acacia en polvo no sólo en tiendas herbales, sino también en la sección de especias de tiendas de gastronomía. Si encuentra una receta que requiere goma arábiga, le recomiendo reemplazarla con uno de los otros aglomerantes presentados en este libro.

Tragacanto

El tragacanto es usado en la industria alimenticia para espesar sopas y salsas. También se emplea para hacer píldoras y alcorza. Gran parte de la colorida alcorza que vemos en la pastelería es azúcar, agua y tragacanto. Además es un excelente aglomerante para el incienso. Es un polvo marrón claro a color crema. Tiene un olor muy leve que recuerda la harina azucarada. Es fuerte y flexible. También es apropiado para el fabricante de incienso novato. Funciona bien para amasar, moldear y exprimir.

Goma guar

La goma guar es muy similar al tragacanto. Es un polvo blanco prácticamente inodoro. También es usada en alimentos y productos farmacéuticos. Como aglomerante es efectivo para amasar, moldear y exprimir. El precio es similar al del tragacanto, aunque a menudo la goma guar es un poco más económica. Por lo general se puede sustituir por una cantidad igual de tragacanto o viceversa.

Makko

Éste es un aglomerante nuevo. Los maestros japoneses lo han usado durante mil años, pero es muy novedoso en el mercado occidental. También conocido como "tabu", es un polvo de color café claro con una grosura media. Es la corteza de un árbol (*Machillus thunbergii*) y es un material asombroso. Sirve como un buen aglomerante, aunque también es pegajoso. No es tan fuerte como las gomas, pero sus beneficios pesan más que esa deficiencia. No sólo tiene muy poco aroma propio, también posee la maravillosa capacidad de absorber las fragancias que lo rodean. Cuando es mezclado con los aromáticos, fácilmente adquiere el olor de ellos. Debido a esto, es importante mantener el makko en un recipiente sellado y lejos de aromáticos con fuerte olor porque lo absorberá. No es muy apropiado para moldear, aunque mezclado en forma correcta puede funcionar. Es excelente para exprimir.

El mejor aspecto de usar makko es que no sólo es un aglomerante, sino también un excelente material base. Mejora las propiedades de encendido de cualquier mezcla de incienso. Algunos lo llaman "agente quemador" porque mejora mucho tales propiedades. Podemos usarlo en lugar de cualquier otra base, o emplearlo adicionado a otros materiales base. Usted descubrirá que sus maravillosas propiedades ameritan conseguirlo. No tendrá duda de por qué los maestros de incienso japoneses lo han utilizado durante mil años.

Miel

La miel no es un aglomerante aceptable para incienso de autoencendido, pero es usada como tal en muchas recetas de incienso "húmedo". Cualquiera que haya trabajado con miel sabe que es muy pegajosa. Por eso hace un gran trabajo dándole consistencia al incienso húmedo. Sólo recuerde que el incienso hecho con miel como aglomerante debe ser quemado sobre una fuente de calor (como el carbón) y no se prende por sí mismo.

Una nota final sobre los aglomerantes: el poder de los mismos varía ampliamente. Por ejemplo, el tragacanto es vendido en la industria alimenticia en cinco grados diferentes que van de débil a fuerte. Es probable que nunca reciba esta información cuando compre un aglomerante. Incluso es improbable que el distribuidor sepa qué grado tiene el producto. Tal vez usted necesitará ajustar la cantidad de aglomerante en una receta dependiendo de la potencia del mismo. Use la menor cantidad que pueda para conseguir que el incienso coja una consistencia apropiada. Demasiado aglomerante podría impedir que el incienso arda; muy poco, puede hacer que se quiebre.

Líquidos

El aglomerante no funcionará hasta que se le agregue agua. Ésta activa el aglomerante y une fuertemente el incienso. No debe limitarse al uso del agua, pero debe pensarlo bien antes de usar otros líquidos.

Agua

El agua siempre es una buena elección. Para lograr los mejores resultados, use agua destilada. Los químicos y minerales presentes en el agua de grifo podrían tener un impacto sobre el incienso, aunque funcionará bien si es todo lo que tiene a disposición. Debe dejarla en reposo una o dos horas para que el cloro se disipe. El agua no debe modificar el olor del incienso en lo absoluto. Para incienso mágico podría utilizar agua bendecida en un círculo mágico, o cogida de un lugar sagrado para usted.

Vino

He hecho mucho incienso bueno con vino blanco. ¿Altera el aroma? En realidad no lo he notado. Usar un vino muy fragante podría darle un nuevo olor al incienso. El vino también es un componente común en el incienso hecho para uso ritual.

Salsa de soja

He visto recetas que utilizan salsa de soja. He experimentado con ella pero no me gusta. Es principalmente agua, así que puede usarla. Ensáyela y descubra si le gusta el efecto.

Alcohol

Puede usar alcohol, pero no lo recomiendo. Mucho incienso comercial es hecho empleando alcohol para "extender" los aceites fragantes utilizados. Desde luego que tiene un efecto sobre el aroma. Si lo va a usar, tenga en cuenta que a mayor contenido de alcohol, menos agua tiene. Debe evitar graduaciones por encima del 80% (eso es 40% de alcohol por volumen). No sé por qué razón le gustaría usarlo, pero efectivamente puede hacerlo. Es probable que logre interesantes resultados utilizando aguardiente de diversos sabores. No lo incluiría en el incienso mágico, pero si usted quiere, úselo.

Miel

La miel puede ser utilizada en la fabricación de incienso (como fue visto en la sección anterior), pero no es muy apropiada para la categoría de "líquidos". Generalmente la miel tiene sólo un 20% de agua, por eso no es buena elección para activar los aglomerantes. Desde luego que puede agregarla a la masa de incienso, pero debe asegurarse de incluir con ella un líquido apropiado para activar el aglomerante. Eso puede ser tan simple como mezclar la miel con agua en una proporción 1:3 (1 cucharadita de miel por cada 3 cucharaditas de agua).

Otros líquidos

Se puede usar cualquier líquido que en su mayor parte esté compuesto por agua. Jugo de frutas, bebidas no alcohólicas, té o líquidos compuestos principalmente por agua, son apropiados para trabajar con el incienso. El único inconveniente es que la mayoría de ellos producen mal olor. El azúcar no huele bien cuando es quemada, así que evite líquidos azucarados. No utilice aceite para activar el aglomerante. Los aceites no contienen cantidades de agua significativas, por eso no funcionarán. Experimente con diferentes líquidos si algo lo impulsa a hacerlo, pero todas las veces logrará maravillosos resultados con el agua. Si hay una bebida herbal que incluye en sus rituales, podría usarla como líquido para el incienso mágico.

Temperatura

En principio no parece importante, pero la temperatura del líquido puede tener un gran efecto sobre el proceso de fabricación del incienso. Es necesario recordar los riesgos de trabajar con agua caliente. Hablando como alguien que tuvo una grave quemadura con agua, es claro que el agua caliente debe ser manejada con cuidado. Nunca deje que los niños trabajen con ella.

Las ventajas de usar agua caliente pueden superar las incomodidades. El agua caliente ablanda el incienso y lo hace más fácil de manejar y exprimir. La segunda ventaja importante es el tiempo de secado. Los espaguetis hechos usando agua caliente a menudo se secan en menos de doce horas. Utilizar agua caliente es la única técnica buena para acelerar el proceso de secado (aunque ese secado rápido hará que los palitos tiendan a combarse). Un último beneficio surge si accidentalmente se adiciona demasiada agua a la mezcla. Mucha agua puede hacer que sea imposible darle forma al incienso. Si ha utilizado agua caliente, puede enfriar la mezcla muy húmeda y será mucho más trabajable.

Por otra parte, el incienso hecho con agua fría también tiene sus ventajas. Es más fácil de manejar y no se corren los riesgos de trabajar con agua caliente. También retarda el tiempo de secado del incienso. Aunque tal vez piense que eso es malo, en realidad es mucho mejor secar el incienso lentamente, como veremos más adelante. El hecho de que el secado sea más lento también da más tiempo para trabajar con la masa de incienso antes de que se seque.

Diferentes aglomerantes también actúan de manera distinta con los cambios en la temperatura del agua. Por ejemplo, el makko funciona mejor con agua a temperatura ambiente o más fría. La goma guar usualmente es más fácil de manejar y exprimir cuando se trabaja con agua tibia o caliente. Usted puede experimentar para encontrar la temperatura ideal para su aglomerante, pero si está inseguro utilice agua a temperatura ambiente.

La ciencia del incienso

No soy científico, pero no tengo duda que la ciencia juega un papel clave en el incienso. La física en particular es importante. Hay un problema físico básico que debe ser superado en cualquier incienso que hagamos: la materia vegetal no siempre se prende. Este es el primer obstáculo que el fabricante de incienso tiene que vencer. En el capítulo anterior hablé de la importancia de la forma del incienso, pero no está de más repetir. Cada vez que haga incienso con una nueva receta, asegúrese de producir al menos algunos palitos tamaño espagueti. Examínelos primero cuando el incienso esté seco por completo. Si los espaguetis no prenden, tendrá que reformular la receta. Si se queman, pero eso no pasa con los palitos más grandes o los conos, tal vez deba reformular la receta o simplemente disfrutar de la quema de espaguetis.

Otro aspecto importante de la ciencia de la fabricación del incienso es evitar los materiales peligrosos. La ciencia y la tradición han identificado muchos materiales problema. Nunca se debe adicionar algo tóxico al incienso. Por ejemplo, el muérdago americano, aunque requerido en algunas recetas, debe ser evitado o usado con extremo cuidado en el incienso. Materiales como el nitro también son conocidos por despedir gases que pueden ser peligrosos, y deberían ser evitados.

En un área relacionada, la ciencia también nos ha demostrado que quemar algunas sustancias puede tener un efecto significativo en la química del cerebro. Así como fumar tabaco o marihuana tiene un gran efecto sobre las personas, sucede algo similar al quemar tales sustancias en el incienso. De hecho, este es uno de los propósitos básicos del incienso. Desde luego que no tiene el mismo efecto profundo de fumar, pero si queremos estar libres de sustancias que alteran la mente, debemos tener cuidado con los materiales usados en el incienso. La damiana, lechuga silvestre, olíbano y otros son conocidos por alterar el estado mental de la persona. En realidad, muchos utilizan incienso como ayuda para la meditación teniendo en cuenta tal concepto. Hay incienso formulado para ayudar al cerebro durante la meditación a través de la química.

El arte del incienso

Aunque hay mucha ciencia involucrada en la quema del incienso, su fabricación también implica arte. A menudo llamo al incienso "arte combustible". Es eso en un par de aspectos. Primero es el arte de la mezcla —el arte aromático—. Descubrir una mezcla que no huela mal suele ser el primer resultado exitoso de un fabricante de incienso novato. Crear una combinación que huela bien es una experiencia maravillosa y la persona seguirá haciendo una y otra vez esa primera receta buena. Pero crear un gran aroma es verdadero arte. Estamos acostumbrados a ver o escuchar el arte, pero olerlo es raro. Sólo el incienso, la naturaleza y los buenos cocineros sobresalen en el campo de las fragancias. Es un sentido ignorado por las artes, pero al menos es tan importante como cualquiera de las otras.

El incienso también puede ser arte en su forma. La masa de incienso es un medio maravilloso para un artista. Ella tiende a desarrollar algunas deformaciones durante el proceso de secado, pero aparte de eso es divertido y muy flexible. Desde rollos o espirales hasta conos formados a mano, el incienso es agradable para ver, tocar y oler. También podemos ser bastante creativos. Desde cosas simples como escribir en incienso, hasta complejas formas impresionistas, la "arcilla" de incienso nos brinda una gran oportunidad de expresarnos con la forma. Busque en la juguetería local las herramientas para trabajar la arcilla. Le servirán mucho y despertarán sus habilidades creativas. Si diseña su arte apropiadamente, también agradará a la vista además del olfato cuando sea quemado.

La magia del incienso

El incienso usado para magia siempre es más poderoso cuando transmite energía en forma apropiada. Al fabricar su propio incienso, o al menos estando involucrados en cada paso del proceso, podemos asegurar que el incienso esté totalmente habilitado para sus intenciones, y que ninguna influencia externa lo haya afectado. Además de la energía transmitida intencionalmente al fabricar el incienso, también es cargado pasivamente al combinar materiales, mezclar y amasar. El hecho de usar las manos para dar forma al incienso mientras éste se encuentra húmedo, es un acto de transmisión energética. Es un vínculo íntimo con el incienso que posiblemente no lograríamos con el incienso hecho por otra persona.

La magia también es clave al escoger los componentes del incienso. Los componentes que hemos cultivado o reunido son elementos poderosos en el incienso. Fabricando su propio incienso también puede evitar componentes que podrían plantear inquietudes kármicas o éticas. ¿Quién sabe de qué está compuesto el incienso que hemos estado comprando? Cualquier incienso podría funcionar para propósitos mundanos, pero cuando se trata del que va a ser usado en rituales, nunca se supera el incienso que hemos hecho o ayudado a hacer.

La composición del incienso es más que una combinación de aromáticos, bases y aglomerantes. También es una expresión del fabricante y su uso de las herramientas y materiales que tiene disponibles. La combinación correcta de los materiales es el inicio del proceso, luego comienza la oportunidad para desarrollar el arte físico. Considerando la cantidad de aromáticos disponibles, podemos hacer una variedad casi interminable de obras de arte para el olfato. Podemos ver cómo combinar los ingredientes desde muchas perspectivas, pero creo que este modelo es perfecto para el fabricante de incienso casero.

CAPÍTULO TRES

CÓMO USAR EL INCIENSO

SABER CÓMO USAR el incienso es un conocimiento valioso para el fabricante del mismo. Incluso si nunca elaboraremos incienso (lo cual sería una lástima), esta es información importante para todos los que lo usamos. Antes de fabricarlos por primera vez, al menos hojee este capítulo. La forma de incienso que ha de escoger podría ser influenciada por la manera en que es quemado.

Quemadores de incienso

Un quemador de incienso puede ser algo tan sencillo como una lata vieja o sofisticada como un vistoso incensario de templo. Algunos prefieren uno o dos quemadores simples. Otros tienen grandes colecciones de incensarios de todo el mundo. Es importante utilizar el quemador apropiado para el tipo de incienso a fabricar, especialmente por seguridad.

Conos y cilindros

Es importante escoger un buen quemador de conos. Aunque casi cualquier cosa puede contener la ceniza de un palito, un cono o un espagueti se quemarán por completo. Eso significa que lo que usemos como quemador para conos, cilindros o espaguetis debe resistir el calor. Nunca queme conos sobre madera.

La forma más común de quemador de conos es el pequeño quemador de latón similar a un "tazón" con tapa. Los quemadores de este estilo son funcionales y duran para siempre si se adquiere uno de buena calidad y es cuidado y conservado apropiadamente.

No compre un quemador muy pequeño. Un buen quemador de latón debe tener una boca de al menos una pulgada y media (de dos a tres pulgadas es ideal). Si no puede colocar tres dedos a la vez en la abertura, es demasiado pequeño. Es mejor prender los conos y luego ponerlos en el quemador. Si la boca es muy pequeña se quemará los dedos. Idealmente, sus paredes deben tener al menos una pulgada de alto. Esto es para asegurar que los conos no se caigan.

Una nota sobre las tapas. He oído muchas quejas acerca de quemadores de conos que "dejan el cono afuera" cuando se cubre con la tapa. Si utiliza un quemador más grande que esté ventilado apropiadamente, los conos se quemarán con la tapa puesta. Por lo tanto tendrá que limpiar la tapa con frecuencia para evitar que aceites y resinas arruinen el acabado, si eso es importante para usted. Con el tiempo, la tapa adoptará una fragancia propia. Ese olor se liberará cuando la tapa se caliente, y será parte de cualquier incienso que queme. Algunos quemadores quedan muy bien "sazonados" de esta forma con el tiempo. Si el quemador apaga los conos, debe conseguir uno más grande.

Es buena idea poner una pequeña cantidad de arena o ceniza en el fondo de los quemadores de conos. Esto mejora el flujo de aire debajo del cono (para ayudar a que se queme por completo) y protege el recipiente. Debe reemplazar la arena cada cuatro o cinco usos. Si emplea ceniza, puede ser cribada y reutilizada indefinidamente. Nunca use un quemador de latón sobre una superficie de madera. El latón es un alto conductor de calor, e incluso quemadores con bases pueden quemar la madera sobre la que yacen. Una baldosa de cerámica o un cenicero serán apropiados.

Si se quiere tener un buen quemador de conos, recomiendo los quemadores de esteatita. La mayoría de quemadores y recolectores de cenizas se consiguen de esteatita y son los mejores para quemar conos. Usualmente se paga un poco más por la esteatita, pero vale la pena. Casi todos estos quemadores pueden ser usados sobre una superficie de madera (no se arriesgue con un quemador nuevo; inicialmente úselo sobre una baldosa o en un cenicero y vea qué tanto se calienta, antes de ubicarlo sobre madera). La ceniza o arena en el fondo aún es una excelente idea.

Incienso suelto

Básicamente se necesita una pequeña parrilla. A menudo son hechas de latón. Pueden ser quemadores de conos grandes. Estos son tazones de latón grandes (algunos con tapas). La boca del quemador debe tener al menos tres pulgadas y media (cuatro a cinco es mejor). Puede colocar arena o ceniza en el fondo o usar una malla metálica doblada en los bordes para dejarla a una pulgada de la arena. De esta forma raspe cenizas del carbón hacia el fondo antes de adicionar más material para quemar.

Ponga uno o dos bloques de carbón (lado a lado, nunca apilados) en el quemador sobre la malla o arena. Prenda los bordes de los bloques con un fósforo o encendedor (el carbón de bambú, que es el preferido, puede requerir un esfuerzo adicional para ser prendido). Asegúrese de no tocar los lados del incensario cuando esté en uso. ¡Es muy caliente! Nunca utilice un incensario sobre madera.

Palitos (con varas de bambú)

El portapalitos de incienso más común se conoce como "bote". Son piezas de madera largas y planas que se encorvan en un extremo. Hay un pequeño agujero en el extremo elevado, y a través de él es insertado el extremo sin incienso de la vara de bambú. Esta es la forma más básica de contener la ceniza. Los encontrará en cualquier lugar donde vendan incienso. También son hechos de hueso, cerámica, cristal y piedra. Algunos tienen una caja debajo del extremo encorvado, que sirve como área de almacenamiento de los palitos no quemados, pero personalmente no guardaría el incienso en una caja de madera a menos que los palitos estuvieran envueltos en plástico o sellados similarmente. Muchos de estos contenedores son adornados con latón o pintados a mano. También es bueno comprar uno sencillo y barato para uno mismo pintarlo.

Hay otra categoría de portapalitos que yo llamo "árboles". Estos contenedores usualmente son centros de mesa de madera o piedra con una serie de agujeros en la parte superior. Sostienen varios palitos a la vez casi derechos arriba y abajo. Requieren menos espacio y contienen más incienso que los botes, así que son una buena inversión.

Los palitos (pero no los espaguetis) pueden ser clavados en la tierra. Inserte el extremo sin incienso del bambú en tierra seca, quite los materiales combustibles que estén debajo de él, y préndalo. Tenga cuidado de no quemar incienso al aire libre si el viento es fuerte, pues podría botar chispas que inicien un incendio en cualquier momento. También debe quemarlo lejos de sitios concurridos por donde pase gente cerca de ellos.

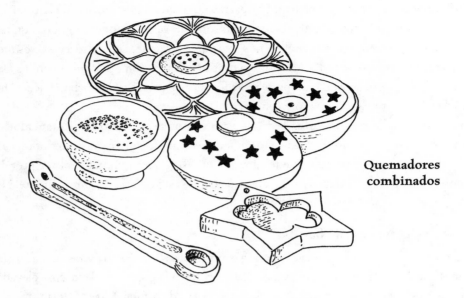

**Quemadores
combinados**

**Diversos
incensarios**

Espaguetis

Los espaguetis, cilindros y conos se queman por completo, por eso no pueden ser usados en botes de madera. Son seguros al ser quemados en botes de esteatita o metal. La mejor forma de utilizar los espaguetis es en un incensario. Prenda un extremo e inserte el otro en la ceniza lo suficiente para que el palito permanezca derecho. Este tipo de incienso y quemador juntos es por lo general la combinación más apropiada.

Quemadores combinados

Algunos fabricantes hacen quemadores que sirven para varios tipos de incienso. Usualmente están hechos de esteatita o son cerámicos. La mayoría son grandes platos para quemar conos, con tapas especiales o agujeros en el fondo para los palitos. Los cilindros e incluso el incienso suelto pueden ser quemados en los que tengan una boca grande. Los espaguetis también pueden ser usados en ellos. La arena o ceniza es una gran idea en el quemador combinado, siempre que no tape algunos de los agujeros u otras partes especiales.

Incensarios

El incensario es el mejor tipo de quemador y es el típico elemento usado en rituales. También es el tipo de quemador combinado más sofisticado. Un incensario es un plato, tazón, cenicero u objeto similar lleno de un material no inflamable, generalmente arena o ceniza, pero también puede emplearse grava, roca decorativa, etc. Palitos, cilindros y espaguetis son insertados en la arena o ceniza. Conos, rollos en espiral y carbón vegetal para incienso suelto pueden ser quemados sobre la superficie de la ceniza (los rollos se apagan solos cuando se queman sobre la superficie de la arena). También se utilizan para quemar makko o emplear el estilo kodo. Un buen incensario sirve para todos los requerimientos de un quemador de incienso.

Prender el incienso

Para prender el palito, cono o cilindro de incienso, coloque un fósforo encendido o, mejor aún, un encendedor de gas, en el extremo cubierto o ahusado del incienso (o cualquier extremo del espagueti o cilindro). Sostenga la llama diez segundos (más en algunos casos), luego quítela. El incienso mostrará una llama uno o dos segundos y después se apagará, y el extremo continuará brillando y quemándose lentamente. Hay incienso que no se apaga solo. Si llamea por más de veinte segundos, apague la llama soplándola.

El olor que se presenta justo después que la llama se apaga, no siempre es el aroma del incienso. Éste se compone de materiales que se queman a diferentes ritmos, así que lo que se huele en los primeros segundos son los componentes que no se disiparon en la llama. Luego de veinte o treinta segundos, la verdadera fragancia empezará a salir.

En lo que respecta al incienso sumergido (como es la mayor parte del incienso comercial), podríamos incluso observar que mucho tiempo después de que es prendido, hay largas bandas de humo negro en el aire. Si extiende la mano y las toca, descubrirá que no es humo en lo absoluto. En realidad son largas cadenas de moléculas de aceite. Se usan altas cantidades de aceite sintético que no se quema todo para que tales cadenas de aceite también sean despedidas al aire. Una de las marcas de incienso más populares en los Estados Unidos es notoria por tal característica. Esa es una de las razones por las que recomiendo usar incienso natural en lugar de dicho material sintético. Recuerde, su incienso debe despedir un humo blanco pálido; esa es la señal de una buena combustión. Si el incienso emana humo negro, significa que no se está quemando en su totalidad y necesita ser reformulado (es de ayuda reducir la cantidad de aceite en la receta).

Mientras fabrica el incienso, podría crear conos (u otras formas) que después no se quemarán. Este también es un problema de los conos comerciales, amasados y sumergidos. Aunque trataré a profundidad esto en el capítulo 9, quiero mencionar un pequeño truco para cuando se le presente dicho problema: trate de quemar el cono al revés. Vea otras ideas en el capítulo 9.

Riesgos

Hay muchos factores de seguridad que debe tener en cuenta. Primero es lo concerniente al fuego. Debido a que el incienso tiene que ser quemado, siempre debe saber dónde se encuentra y con qué podría entrar en contacto. Las siguientes son algunas pautas importantes de seguridad contra el fuego.

1. Asegúrese de que el incienso prendido no entre en contacto con madera u otros materiales inflamables.

2. Nunca queme incienso dentro de aparadores o con algo colgando encima del incienso prendido. El calor ascendente de éste (junto con el humo) puede causar decoloraciones y es un potencial peligro de fuego. Si desea usar humo de incienso para aromatizar ropa, cuélguela al menos a dieciocho pulgadas por encima del incienso prendido.

3. Los quemadores de incienso pueden calentarse. Incluso los de esteatita se calientan. Siempre tenga cuidado de dónde pone el quemador. Estando caliente puede decolorar o dañar superficies de madera. También pueden quemarlo si trata de moverlos mientras están en uso, a menos que tenga una cadena o asa.

4. Nunca descuide el incienso prendido. Si tiene que salir mientras su incienso está aún quemándose, apáguelo. Si debe hacerlo, apáguelo bajo agua. Un método mejor, si usa un incensario, el voltear el incienso e insertar el extremo prendido en la arena o ceniza. Eso lo apagará pero también le permitirá reencenderlo en otra ocasión. Para apagar un rollo de incienso, parta la punta prendida y échela en agua.

5. Aunque parece obvio decirlo, el incienso prendido es caliente. Sólo rozar la punta ardiente puede causar una quemadura en la piel o ropa.

6. Observe el incienso prendido y asegúrese de que la ceniza está cayendo donde debería. Si cae fuera de su contenedor, tal vez deba reacomodarlo o usar otro quemador. Es buena idea aparar la ceniza, pues puede decolorar muebles e incluso calentarse lo suficiente para ser un peligro de fuego.

7. Recuerde que el símbolo del fuego es poderoso y merece su reverencia. No sea indiferente con el incienso o carbón prendido y tenga respeto por el poder del fuego.

Otra consideración importante es el material quemado. Prender incienso suelto sobre carbón puede ser peligroso según algunos expertos. Personalmente nunca he notado problemas, pero algunos han sugerido que prender carbón en un lugar aislado, mal ventilado o encerrado puede hacer que se acumulen niveles peligrosos de monóxido de carbono. Esto es especialmente cierto al usar el carbón o incienso de "autoencendido" que contiene nitro, pero incluso el carbón más fino podría tener tal efecto. Como dije, nunca he observado un problema, pero es mejor tener cuidado.

Puede conseguir un quemador de incienso muy bueno que le dure toda la vida, o, si lo prefiere, coleccionarlos y acumular cientos. Sólo tenga en cuenta qué tipo de incienso puede ser usado en los quemadores y dónde ponerlos para que haya seguridad. Si se utiliza con cuidado, el incienso es muy seguro y muy agradable.

Incienso para uso mágico

Aunque la mayoría de practicantes de magia ritual saben utilizar el incienso en sus altares, no hay que limitarse a ese uso. El incienso también es perfecto para el tiempo antes de los rituales. ¿Disfruta un baño purificante antes de sus rituales? Esa es otra ocasión perfecta para gozar el incienso. Algunos prefieren quemar un buen incienso de limpieza durante este proceso. Otros queman el mismo incienso que emplearán en los rituales para enfocar la mente en el trabajo mágico que van a realizar. Experimente y descubra qué tipo de incienso prefiere durante esta fase de preparación y elevará el valor de su arte.

El incienso también es ideal para crear un espacio sagrado. Si no tiene el espacio suficiente para dedicar una habitación entera para uso ritual, es importante diferenciar entre el espacio usado normalmente para propósitos mundanos (tales como el dormitorio) y el mismo espacio siendo empleado para rituales. La limpieza es la forma más básica de hacer eso. Otra es poner un altar y herramientas. Pero nada es mejor que el mensaje que el incienso transmite al ambiente de que el espacio está siendo usado para propósitos sagrados. Me gusta utilizar un aroma purificante como el copal para preparar mis espacios sagrados, pero usted debe emplear el incienso que ha hecho para ese propósito.

El incienso es excelente para usar durante cualquier hechizo. No sólo puede ser quemado para limpiar, sino también para energizar el espacio ritual. El asombroso aroma del palo de áloe, por ejemplo, eleva el nivel energético en una habitación. El incienso también es una ofrenda maravillosa para atraer espíritus o deidades al círculo o espacio sagrado. Ese es el uso más básico del incienso. Es una ofrenda que nos trae alegría además de los espíritus. El incienso también es una gran herramienta de destierro. Usar incienso hecho para este propósito puede producir un efecto inmediato en rituales de destierro. Usted puede fabricar incienso específico para cualquier hechizo que planee realizar, y se asombrará de cómo mejorará su trabajo mágico.

Los practicantes que comúnmente emplean incienso suelto y carbón vegetal en los rituales, están familiarizados con el uso de diferentes aromáticos o mezclas durante los hechizos (o diversas partes de un solo hechizo), pero los usuarios de incienso autocombustible usualmente sólo prenden un palito al comienzo del ritual y luego lo dejan arder hasta que se consuma. Usted no tiene que limitarse de esa manera. Si fabrica espaguetis o cilindros, pueden ser cortados en cualquier longitud y usados como los diferentes aromáticos en incienso suelto. Podría tener un palito corto de canela, uno largo de lavanda y otro corto de salvia. Cuando uno se consuma, prenda el siguiente con una vela apropiada en su altar. Esta es una alternativa más segura y fácil que usar carbón e incienso suelto.

Usted puede "programar" el tiempo de sus rituales o hechizos. Use el incienso como un mecanismo para regular el tiempo. Cuando un palito se queme por completo, sabrá que es el momento de continuar con el siguiente paso del ritual. Una vez que adquiera práctica en la elaboración de incienso, podrá incluso crear un rollo largo con diferentes tipos de incienso. De esa forma sólo necesita prender el rollo en espiral, y el cambio de aroma actuará como un reloj para su trabajo mágico. Ejemplos detallados de cómo usar el incienso en el altar o en los rituales aparecen en el apéndice D.

Nunca se limite. Puede usar su capacidad en la fabricación de incienso para mejorar su vida espiritual de muchas formas. Utilícelo con creatividad no sólo en el ritual, también antes y después. Esto es en sí un tipo perfecto de "magia pequeña". El solo hecho de prender el palito de incienso correcto en el momento indicado, puede cambiar por completo la energía de su día.

CAPÍTULO CUATRO

SELECCIÓN DE MATERIALES

Así COMO UN pastel es exquisito según sus ingredientes, el aroma del incienso depende directamente de los materiales usados al fabricarlo. Para fabricantes novatos el solo hecho de encontrar los ingredientes puede ser un reto. Pero con el tiempo se inclinarán a buscar materiales de más alta calidad. Ya sea que usted vaya a comprar en la Internet o en persona, cultivar o recoger materiales, debe saber lo básico en cuanto a escoger los ingredientes del incienso.

Compra de aromáticos

La mayoría de fabricantes de incienso compran los ingredientes. Comprarlos es muy similar a comprar alimentos. Podemos gastar en carnes, quesos y aceites más finos para preparar una comida especial. Similarmente, podemos hacer incienso con ingredientes sumamente costosos. Por otra parte, podemos hacer una maravillosa comida con un poco de papa, mantequilla, sal y pimienta. Igualmente, es posible fabricar incienso muy bueno empleando materiales comprados localmente o de bajo costo.

El primer factor es el presupuesto económico. Esta es una consideración importante para la mayoría de personas. ¿Cuánto dinero desea gastar? Hay palo de áloe que cuesta cientos de dólares la onza, ¿pero quién puede pagar eso? Cada vez que planee hacer una nueva receta de incienso, tenga en cuenta el costo de los materiales. Personalmente, disfruto tanto el incienso que no me importa gastar un poco de dinero adicional para hacer un producto de mayor calidad, pero incienso muy bueno puede ser fabricado con un presupuesto limitado.

Un segundo factor clave es la selección. Al igual que al comprar productos agrícolas, es importante seleccionar ingredientes de buena calidad. El aspecto más importante es acudir a distribuidores de buena reputación. Si alguien tiene a la venta cien aromáticos diferentes y todos cuestan lo mismo por onza, ese no es un vendedor confiable. El precio de la salvia, por ejemplo, es mucho más bajo que el de la sangre de dragón. Quien los venda al mismo precio es improbable que ofrezca la verdadera resina de sangre de dragón. A menudo, estas sustancias son sólo polvo de madera con aceite sintético adicionado para el aroma.

También es importante examinar los ingredientes del incienso. En polvo o enteros, deben estar secos y libres de moho. No debe haber mucha materia extraña (astillas de madera, rocas, etc.) mezclada con el aromático. Algunos vendedores inescrupulosos adicionan esa clase de material para ahorrar dinero (para ellos mismos, por supuesto). Como pasa con los alimentos, es importante estar familiarizado con lo que se va a comprar. Antes de gastar mucho dinero en un ingrediente de "alta calidad", lea un poco y asegúrese de recibir lo que corresponde al dinero pagado. Un precio alto no es garantía de alta calidad.

Un aspecto final de la calidad es la cualidad ética del material. Los productos animales, materiales vedados y otras consideraciones éticas son importantes. En el apéndice C verá una discusión más detallada de este tema.

Tal vez el mejor consejo en cuanto a seleccionar materiales es ser fiel a comerciantes de buena reputación. La gran mayoría de quienes venden suministros para fabricar incienso, no están en el negocio para enriquecerse. Son personas que aman el incienso y harán todo lo posible para ayudarlo a conseguir los mejores materiales. Pero es triste decir que hay excepciones. Aunque he estado en este mundillo durante muchos años, sólo he conocido un puñado de vendedores que no fueron tan honrados como debían. Son pocos, pero hay algunas indicaciones para detectarlos. Primero debe observar a aquellos que ofrecen un amplio surtido de aromáticos al mismo precio (como se mencionó antes) o que les agregan objetos extraños. Otra forma de detectar el fraude es probando los aromáticos. A menudo, los polvos adulterados huelen bien hasta que son quemados. Si encuentra un polvo de sándalo de olor dulce que huele mal al ser quemado, lo más probable es que no es auténtico. Una manera de evitar este problema es comprar materiales enteros. Es mucho más difícil crear un trozo falso de resina de sangre de dragón, que falsificar un polvo rojo que huela a sangre de dragón. Lo más probable es que usted sólo le comprará una vez a un vendedor fraudulento. Tan pronto como vea que el material es sospechoso no le volverá a comprar. Un consejo final para evitar el fraude es no comprar nunca materiales demasiado costosos. El fraude es mucho más común en los productos caros y raros. Vea en el apéndice C una discusión más detallada de este problema.

Compra de aglomerantes

Los aglomerantes suelen ser los ingredientes más difíciles de conseguir para los fabricantes de incienso novatos, por eso quiero hablar de ellos por separado. Aunque la goma arábiga es el aglomerante más fácil de encontrar, le recomiendo buscar un poco más y adquirir uno mejor. El makko es nuevo en muchos mercados, así que trate de localizar un distribuidor local. Si vive en una ciudad grande, tal vez consiga localmente todos los aglomerantes listados en este libro. Incluso si no vive en una de estas ciudades, puede encontrar algunos de ellos.

El primer paso es buscar en el directorio telefónico local. Ubique "hierbas" y vea si su ciudad tiene herbolarios. Llame y asegúrese, ya que muchas veces los sitios listados bajo "hierbas" sólo venden cápsulas de hierbas para el cuidado de la salud. Luego busque "productos para decorar pasteles" (o cualquier categoría similar). Muchos distribuidores de tales productos venden goma guar o tragacanto. También podría visitar tiendas de variedades. Algunas de estas tiendas tienen una sección de decoración de pasteles donde es probable que encuentre polvos de goma. Si no localiza un distribuidor de esa forma, busque en "productos químicos". La mayoría de distribuidores de químicos tienen o pueden pedir goma guar y tragacanto. Usualmente pagará el máximo precio al comprar de esta manera, pero también conseguirá el material de más alta calidad. Si va a usar aglomerantes comprados a un distribuidor de productos químicos, tenga cuidado al hacer el incienso con ellos, pues tienden a ser del grado más fuerte, y tal vez deba reducir la cantidad de aglomerante en las recetas. Aglomerar demasiado el incienso impide que se queme.

Si no encuentra aglomerantes en su ciudad, puede buscar en la Internet. Para quienes no tengan acceso a la red, la mayoría de distribuidores listados en este libro también aceptan pedidos por correo. Su biblioteca local o centro comunal puede tener acceso a la Internet. Incluso si decide hacer el pago por correo, visitar el sitio en la red le permitirá ver nuevos productos, consejos y sugerencias, disponibilidad, etc. Por lo general los distribuidores hablarán con usted del tema si les hace preguntas. Por motivos prácticos y para minimizar problemas y fraudes, creo que debería comprar el material a distribuidores de su propia región si es posible.

Una lista de proveedores aparece en mi sitio de Internet mostrado en el apéndice B, pero cada mes se adicionan más sitios. Diríjase a la red y busque en "productos para hacer incienso" o algo similar, y obtendrá una gran lista de lugares para mirar. También es buena idea buscar en la Internet cualquier ingrediente que necesite. Hacer una búsqueda en "makko", por ejemplo, no sólo podría brindarle los nombres de nuevos vendedores de este producto, sino también dirigirlo a páginas web donde verá nuevas formas de usar makko o recetas que lo incluyen.

Cultivar materiales del incienso

Muchas personas dinámicas son ávidos jardineros. La fabricación de incienso nos brinda otra maravillosa manera de usar las plantas que cultivamos. Aunque las plantas de jardín son usadas más a menudo como aromáticas, también puede cultivarlas para que sean útiles de otras formas. Lo mejor de todo es que una vez que se convierten en incienso, traerán alegría mucho tiempo después que el jardín no exista. Ya sea que cultive o recoja los materiales vegetales, lávelos cuidadosamente antes de secarlos en casa. Sacuda las plantas para remover toda el agua posible, y séquelas con una toalla si es necesario. Evite utilizar material que haya sido rociado recientemente con insecticidas u otros productos químicos. Esto es importante en el caso del material empleado para hacer incienso mágico.

Selección de plantas

Al igual que en la naturaleza, la mayoría de plantas de jardín no tienen el aroma apropiado para ser empleadas en la fabricación de incienso. En general, las flores del jardín no son de mucho uso. Incluso las flores fragantes suelen tener poco olor, o un aroma desagradable, cuando son quemadas. Pero hay algunas excepciones notables. El jazmín, la madreselva y la lavanda son flores que pueden funcionar muy bien en incienso. Desde luego, diferentes variedades de la misma especie vegetal producirán resultados distintos, por eso siempre hay que probar las flores secas en carbón. Nunca he encontrado una flor de lavanda que no funcione apropiadamente en el incienso, pero es posible que no huelan bien algunas variedades que nunca he empleado. Esa es una de las razones por las que debemos probar los aromáticos antes de adicionarlos al incienso.

Además de las flores, otros productos del jardín pueden ser usados en la fabricación de incienso. El jardín de hierbas en particular es muy útil. Hojas de salvia, orégano, cilantro, albahaca y una gran cantidad de hierbas son perfectas para hacer incienso. También son buenas las semillas de culantro, cohombro, eneldo y otras plantas.

Además de utilizar plantas de jardín como aromáticos, podemos descubrir otros usos. Una vez fui contactado por alguien que quería colocar incienso en un tallo de lavanda. No entendí la razón hasta que me dijeron que esta planta almacena la mayor parte de su aceite en los tallos en lugar de las flores u hojas. Este es un método mucho mejor que usar una vara de bambú, pero no funciona con todos los aromas. También podemos encontrar materiales base en el jardín. Cuando usted esté probando las semillas, flores y hojas de su jardín, examine también los tallos.

Ocasionalmente hallará una planta cuyos tallos tienen muy poco aroma (en las plantas menos sobresalientes del jardín). Si encuentra una con poco olor al ser quemada, pulverice una pequeña cantidad de ella. Haga un montoncito de polvo en el incensario y préndalo en la parte superior. Si arde y se quema en su totalidad (o casi por completo), también podría servir como base. Más a menudo descubrirá que los tallos tienen una fragancia similar a las hojas, aunque menos fuerte. Si los tallos se queman bien y su olor complementa las partes aromáticas de una planta, úselos como material base.

Secado de materiales

Antes de usar esas plantas del jardín (o materiales recogidos en el monte), hay que prepararlas apropiadamente. Saber los pasos de preparación también es importante si se almacenan los ingredientes en su forma entera. Este proceso tiene dos pasos. El primero, el secado, es simple, y el segundo, la pulverización, es un poco más difícil.

Es importante secar por completo todos los materiales vegetales. Los únicos componentes del incienso que no tienen que ser secados por completo son las resinas, y si no están secas deben ser procesadas correctamente para que se quemen. Hay varias técnicas para secar materiales vegetales y cualquiera de ellas funciona bien. Sin embargo, hay que tener cuidado de no acelerar el proceso de secado.

- Nunca seque materiales vegetales bajo la luz solar directa. Ésta puede causar cambios químicos en el material además de decolorarlo y secar los aceites deseados.

- Nunca seque material vegetal en un horno o cerca de un calefactor. Es tentador acelerar el proceso de secado de esta manera, pero es mucho mejor dejar que el proceso tome el tiempo que necesite para minimizar la pérdida de aceites valiosos.

Bolsa secante

Esta es una buena técnica para secar material que puede ser agrupado, por ejemplo tallos, partes grandes de raíces o agujas. Podemos atar el material usando una cuerda o hilo. Evite utilizar ligas de goma porque pueden romperse antes de que termine el proceso de secado. Meta un haz en una bolsa de papel lo suficientemente grande para que los tallos no toquen los lados. Cierre la bolsa alrededor de la base de los tallos y amárrela con una cuerda larga. Luego puede colgar la bolsa usando esta cuerda. Escoja un sitio que no tenga alta humedad y no esté expuesto directamente a los rayos solares (o a mucha luz artificial). Si no tiene un lugar apropiado para colgar las bolsas, puede secarlas sin colgarlas, pero no lo recomiendo. En tal caso, asegúrese de girar las bolsas una cuarta parte cada tantos días.

Hay un par de ventajas al usar este método de secado. La primera es la protección que ofrece la bolsa. Esta ayuda a proteger la planta y la mantiene libre de polvo e insectos a medida en que se seca. También si se caen algunas hojas o flores, éstas permanecerán en la bolsa.

Otra ventaja es la facilidad de manejo y etiquetado. Es necesario escribir el nombre del material y detalles especiales (dónde fue comprado o cosechado, cuándo fue recogido, etc.). Esto es importante porque diferentes materiales vegetales secos pueden verse igual. Sin esas etiquetas es probable que usted olvide cuál planta es cual. También podría descubrir que la misma especie de planta cosechada en diferentes lugares tiene aromas distintos. Etiquetar es la única forma de conservar esa información.

Malla secante

El secado con bolsa es bueno si se puede hacer, pero no funciona bien para secar grandes cantidades de material o elementos como hojas individuales o madera. Esta última debe ser cortada en pedazos pequeños o rebanada en trozos delgados si va a ser usada como base. Si va a emplearse como aromático, debe ser dejada en pedazos tan grandes como se puedan manejar y almacenar hasta antes de su uso.

Se pueden emplear muchos materiales como malla, desde algo tan grande como una tela metálica, o tan fino como unas pantimedias. Yo utilizo un sencillo marco de madera de una pulgada de grosor, de unos cinco pies de largo por uno de ancho (una malla metálica con agujeros de $1/4$ de pulgada) engrapada en él. Usted puede hacer una malla simple empleando un colgador de alambre. Enderece el gancho del colgador y úselo como asa. Déle forma de círculo al resto del colgador. Luego estire un par de medias de nailon viejas sobre el aro y engrápelas en los bordes. Incluso puede utilizar una malla puesta sobre un par de cabrillas, o cualquier cosa que le permita al aire circular plenamente alrededor del material vegetal. Para hojas grandes se puede utilizar hasta un estante de panadería.

Cuando use una malla para secar, asegúrese de que cada elemento individual del material (cada hoja, planta, etc.) esté aislado. No deje que diferentes trozos se toquen porque eso retardará el proceso de secado. Ponga sólo una capa sobre la malla y asegúrese de que haya buen flujo de aire en toda la superficie. No use ventilador mientras seca en la malla, pues las plantas podrían ser sopladas lejos al secarse.

El secado con malla es la única forma de manejar una gran cantidad de material vegetal, incluyendo hojas grandes o madera. También podemos construir diferentes mallas y usarlas en un área relativamente pequeña apilándolas. De este modo, si usted quiere cosechar mucho material de su jardín, debe reservar un espacio para las mallas de secado. La mayoría de materiales vegetales se secarán completamente en pocas semanas, no necesitará dejar las mallas ahí todo el año.

Tal vez se sienta tentado a usar un deshidratador de alimentos o algo similar para acelerar el secado de materiales vegetales. ¡No ceda a la tentación! El secado rápido de estos materiales puede hacer que pierdan sus aceites importantes. Sin importar qué método escoja, deje que la naturaleza siga su curso y el secado tome lugar a su propio tiempo.

Pulverización

Este es un paso crítico para la fabricación de incienso, aunque "pulverización" no es el término perfecto. Aunque los materiales pulverizados se queman idealmente, muchos productos usados en realidad estarán finamente desmenuzados en lugar de pulverizados. Si molemos los materiales vegetales con un mortero o un molino, entonces el producto será pulverizado. Por otra parte, si utilizamos un molinillo de café o una licuadora, estamos desmenuzando el material en lugar de pulverizarlo. Aunque podemos desmenuzarlo finamente, nunca será tan fino como el polvo. Algunos fabricantes de incienso creen que los materiales desmenuzados conservan más los aceites naturales, y prefieren no pulverizar los ingredientes si es posible evitarlo.

Mortero y mano

Mortero y mano

Esta es una herramienta básica para todos los fabricantes de incienso. A menudo, especialmente al trabajar con resinas, la pulverización comienza con el mortero. Trozos grandes de material deben ser divididos en pequeños pedazos antes de procesarlos más, y el mortero es ideal para hacerlo. Si lo desea, puede continuar usándolo hasta reducir a polvo el material. Primero puede utilizar la mano para machacar el material en el fondo del mortero. Una vez que lo haya dividido en trozos pequeños (del tamaño de un guisante o menor), puede empezar a pulverizar con la mano presionando suavemente y revolviendo el material. Presionando con fuerza contra los lados del mortero pulverizará poco a poco el producto.

Este es un método probado para pulverizar ingredientes, pero consume mucho tiempo. Por el lado positivo, con el tiempo los brazos se fortalecen porque se requiere mucha fuerza muscular para usar el mortero y la mano cada vez que sea necesario. En general, las resinas son fáciles de pulverizar con esta herramienta. El olíbano, por ejemplo, puede ser reducido a polvo rápidamente. Materiales vegetales duros, tales como las hojas de salvia, pueden requerir mucho tiempo para pulverizar con un mortero.

Molino

Un molino usa un par de piedras planas o platos de acero para moler material y reducirlo hasta polvo fino. Algunos son manuales y otros tienen motor. Si va a usar un molino para pulverizar los ingredientes, simplemente coloque el material molido a medias, opere el aparato y obtendrá un polvo fino. La mayoría de molinos permiten ajustar el grosor del material. Entre más fino, mejor será para la fabricación de incienso, pero tomará más tiempo. Las resinas pueden ser complicadas al pasarlas por un molino. Debido a que es fácil pulverizarlas de otras formas, yo evitaría hacerlo con el molino.

Un molino puede costar bastante dinero si es una máquina motorizada, o será poco costoso si es uno manual. Los molinos manuales, como el de pimienta, son muy lentos. El mío toma cerca de una hora para pulverizar media cucharadita de polvo de cedro rojo. Un molinillo de café también es buena elección, sólo asegúrese de que tenga piedras o platos de pulverización. Muchas compañías venden "molinos" que desmenuzan en lugar de pulverizar. También son buenos (vea la siguiente sección), pero nunca producen el polvo fino de un molino. Si en verdad piensa pulverizar sus propios ingredientes de incienso, en especial materiales base, eventualmente necesitará conseguir un molino.

Licuadora o molinillo

Si va a usar una licuadora o un molinillo de café para pulverizar materiales, asegúrese de que todo esté desmenuzado o dividido en trozos pequeños. Trozos grandes de material, rocas o pedazos de madera pueden dañar estos aparatos. Especialmente con la madera, debe reducirla a pedazos pequeños antes de ponerla dentro de la máquina (el aserrín es la forma ideal para empezar a pulverizar la madera). Las resinas siempre deben ser divididas en trozos pequeños y revisadas para removerle corteza y rocas.

En el caso de materiales duros, como pedazos de madera, puede adicionar una pequeña cantidad a su molinillo o licuadora y dejar funcionar la máquina un rato. En la licuadora empiece con una velocidad baja y luego, cuando el material se haga más fino, aumente la velocidad. La mayoría de molinillos sólo tienen una velocidad.

Si va a pulverizar materiales blandos, tales como resinas, debe pulsar la máquina en lugar de dejarla funcionar constantemente. Muela las resinas tres o cuatro segundos y luego pare. Revise el material y muela de nuevo tres o cuatro segundos si es necesario. Si deja que el aparato funcione continuamente, la resina puede empezar a calentarse. Si esto ocurre, terminará con una masa pegajosa en el fondo de la máquina que para limpiarla le tomará más tiempo que el requerido al pulverizar en un mortero. Una vez gasté tres horas limpiando resina de sangre de dragón de mi licuadora. Mantenga frías las resinas y las encontrará fáciles de pulverizar con cualquier método que escoja. Algunos fabricantes de incienso las congelan antes de molerlas para que estén más duras (y de este modo más fáciles de moler) y mantenerlas más frías durante el proceso.

Cribado

Una vez que haya molido el material hasta el polvo más fino que pueda obtener, debe cribarlo. Muchas cocinas tienen un cernidor con un brazo metálico que es forzado sobre la malla en el fondo. El brazo presiona el material a través de la malla. No utilice ese tipo de cernidores para hacer incienso. Cuando vaya a hacer este trabajo, use un cribador. Ponga el polvo y sacuda suavemente. Eso filtrará pedazos grandes, trozos duros o materiales extraños. Entre más fino sea el cribador, más fino será el polvo de incienso que producirá. Nunca trate de forzar algo a través de la malla. Si no puede ser cernido, no lo incluya en el incienso. No debe usar una malla demasiado fina si ha estado usando un molinillo o una licuadora, porque esto no puede producir polvo tan fino.

Después de sacudir el material a través de la malla, puede echar los pedazos grandes otra vez en el molinillo para tratar de pulverizarlos más. Cribe también ese material y adiciónelo al polvo cribado. Nunca desperdicie ingredientes de incienso.

Compra de ingredientes pulverizados

Aunque la mayoría de fabricantes de incienso concuerdan en que los aromáticos se conservan mejor en su forma "entera", para ser pulverizados justo antes de usarse, comprar ingredientes en polvo tiene sus ventajas. Un fabricante novato podría no querer gastar dinero en un molinillo o licuadora sólo para hacer incienso. Es fácil conseguir muchos aromáticos y bases ya pulverizados. Los aglomerantes por lo general son encontrados sólo en polvo. La mayoría de polvos de madera son molidos, y algunos expertos en la materia creen que esto influye en su aroma, pero es bueno utilizar madera molida para bases. Tal vez usted prefiera cortar la madera que usa como aromático.

Almacenamiento de ingredientes

Una vez que haya hecho todo este esfuerzo para pulverizar sus materiales, asegúrese de almacenarlos en forma adecuada. Debe hacerlo en un recipiente hermético. Una bolsa plástica gruesa es aceptable, pero sería mucho mejor una vasija sellada (y mejor aun usar ambos). También debe proteger el polvo de la luz y la humedad. Si usa un recipiente transparente, almacene el polvo en una bolsa de papel dentro del contenedor para protegerlo de la luz. Tengo una colección de recipientes de vidrio de color oscuro y también algunos de barro. No guarde los contenedores en un área con alta humedad (por ejemplo, debajo de un fregadero). Una vez pulverizado, sin importar qué tan bien sea almacenado, el material empezará a perder parte de su aceite, así que úselo lo más pronto que pueda (aunque ningún ingrediente de incienso debe ser descartado simplemente porque está añejo).

Consideraciones mágicas

Además de los otros factores a tener en cuenta, al fabricar incienso para uso ritual o mágico también es necesario considerar los atributos mágicos de los ingredientes. Aunque ya he recalcado varias veces que se deben probar los aromáticos y usar los que tengan fragancias agradables, también se pueden adicionar ingredientes con muy poco aroma. Adiciones como esa le permitirán incluir ingredientes con asociaciones mágicas deseadas. Los aromáticos que tengan poco olor pueden ser agregados sin problema en la mayoría de mezclas. Sólo asegúrese de evitar el uso de ingredientes no relacionados. Por ejemplo, si va a hacer incienso para honrar el símbolo del agua, no usaría sangre de dragón, que está alineada con el símbolo del fuego.

Aunque creo firmemente que todo debe ser agradable para el olfato, una de las alegrías de fabricar incienso es que podemos hacer lo que queramos. Si usted desea hacer uno que no genere un aroma placentero, debido estrictamente a los alineamientos mágicos de los materiales, es libre de hacerlo. Personalmente encuentro que el olor desagradable me distrae del trabajo que estoy haciendo, pero algunos fabricantes de incienso me dicen que experimentan el efecto contrario y mejora su magia. Si usted es bromista, incluso descubrirá que la capacidad de hacer incienso puede ser usada para crear olores horribles (aunque no he incluido ninguna receta de tal naturaleza en este libro).

Recolección de materiales de incienso

La recolección de materiales puede empezar en su propio patio. Si poda árboles en él, la madera podría servir como una buena base, e incluso como aromático —pruébela con carbón vegetal—. Si poda árboles frutales, definitivamente debería usar la madera para su incienso. La forma simple es pasar las ramas a través de un triturador. Luego puede secar los trozos y pulverizarlos como se describió antes. La madreselva, la raíz de diente de león y el trébol son materiales de incienso que podría encontrar en su jardín.

Si sale del jardín y empieza a coger materiales en el monte, debe tener mucho cuidado. Hay maravillosas plantas aromáticas que crecen de manera silvestre, pero cada día son más raras. Aunque recolectar en el campo es una maravillosa aventura física y espiritual, debe ser muy consciente de las necesidades de las plantas. Sin importar qué tan maravillosa o poderosa sea una planta silvestre, cogerla podría afectar las posibilidades de la especie en el monte. A veces tenemos que poner las necesidades de las plantas por encima de nuestros deseos. Desde luego que ese no siempre es el caso. Algunas plantas silvestres crecen en abundancia y pueden ser recolectadas sin problema. Si tiene dudas acerca de la rareza de una planta silvestre, vaya a la oficina de extensión agrícola local. Use también sus sentidos. Si ve muy pocas plantas en el área, o sólo una, déjelas quietas. Tenga en cuenta que es ilegal recolectar plantas de la mayoría de parques estatales y nacionales.

También debe ser consciente de las necesidades de la madre tierra si recoge materiales en los bosques. Si encuentra una aromática abundante creciendo de manera silvestre en su área, use sus habilidades de jardinería. No colecte un montón de plantas de un terreno y ninguna de otro. Recoja sólo unas cuantas de cada área. Eso puede estimular el crecimiento de las que quedan. Cuando decida cuáles plantas tomar y cuáles dejar, considere el impacto sobre las plantas circundantes. ¿Va a utilizar una planta que brinda una importante sombra a otras? Trate de recoger de los centros de grupos de plantas y deje quietas las de los bordes.

44

Incluso es posible usar la recolección silvestre para ayudar a la madre tierra en algunos casos. En todo el mundo hay un problema con las plantas invasivas no nativas en el campo. Éstas suelen empezar como plantas de jardín que "se escapan" a los bosques. Muchas partes de Norteamérica tienen este problema. Tal vez descubra que el departamento agrícola de su estado tiene un programa para erradicar esta clase de plantas. Por ejemplo, en Oklahoma hay un programa de voluntarios en el que sus miembros cortan y remueven cedro invasivo no nativo que amenaza a las arboledas poco comunes en las llanuras de la región. El cedro también resulta ser un buen material base (y aromático en el caso de especies de cedro fragantes). Usted puede ayudar a la madre tierra mientras coge ingredientes del incienso.

Cómo escoger

El primer factor a considerar es la disponibilidad local. Siempre es preferible que use materiales que se puedan encontrar en su propia área. Esto no sólo le ahorrará dinero (no hay recargo por transporte), también es más sano ecológicamente emplear materiales producidos en su región. Si es posible, sería maravilloso que usara materiales cultivados por usted mismo. Energía adicional generada en el proceso de cultivar la planta aumenta el poder del incienso.

Después, si va a comprar materiales, debe considerar el precio del producto frente a la calidad. Puede gastar todo el dinero que quiera en aromáticos. Un precio más alto no necesariamente le dará un ingrediente de mayor calidad, pero algunos materiales costosos son asombrosos al ser usados. La pregunta es, ¿quiere comprar materiales que cuestan más que el oro? Compre siempre los mejores ingredientes que estén a su alcance, pero enfóquese en el incienso que hace y funciona bien para usted. No necesita sándalo de US$500 la onza para hacer un maravilloso incienso de esta planta. De hecho, puede fabricar incienso fantástico y nunca usará un material raro como el sándalo.

También debe tener en cuenta, como se mencionó antes, qué forma de material quiere comprar (o coger). Adquirir ingredientes en polvo ahorra mucho tiempo y esfuerzo, especialmente al fabricante novato. Pero comprarlos y almacenarlos en su forma entera les da una vida útil mucho más larga y máximo poder. Recomiendo conseguir maderas en polvo, pero cualquier material que pueda pulverizar debe ser comprado o almacenado en forma entera cuando sea posible.

El último factor, a menudo el más importante, son los objetivos mágicos que se tienen para el incienso. No sólo debe conocer las asociaciones mágicas de los materiales que use, sino también tener en cuenta los aspectos éticos del material. Utilizar ingredientes que fueron obtenidos de manera poco ética (robados, cogidos en áreas vedadas, tomados de una forma que afectó enormemente la tierra, etc.), puede adicionar energías negativas a su incienso. Este es un factor difícil de controlar, pues con frecuencia no sabrá de dónde provienen los materiales adquiridos. Otro argumento bueno para utilizar productos locales. Es mucho más fácil que se asegure del karma asociado con el material.

Seleccionar los ingredientes del incienso es una parte importante y agradable del proceso de fabricación del mismo. Localizar ingredientes, comprarlos, cultivarlos o cogerlos son pasos que le darán otra oportunidad de conectarse con su incienso a un nivel más profundo. No podrá comprender ninguno de estos aspectos con el incienso que compre. Hacer el producto es la única forma de lograr estas conexiones profundas.

Capítulo Cinco

Herramientas
y espacios de trabajo

La fabricación de incienso requiere muy pocas herramientas. En realidad, si tiene todos sus ingredientes listos para amasar, usted es la única herramienta necesaria. Sus manos y cerebro son los elementos principales para hacer el incienso.

Herramientas

Sin embargo, hay algunos implementos que hacen que el proceso sea mucho más fácil y agradable.

Guantes

Considero que los guantes son muy importantes. Puede usar cualquier clase de guante de látex o vinilo. Incluso los guantes plásticos utilizados para servir comidas son apropiados, aunque tienden a salirse de las manos con facilidad. No me gusta utilizar este tipo de material desechable, pero creo que es importante para la fabricación del incienso. La mejor solución es comprar un par de guantes fuertes y lavables para ser usados una y otra vez.

El único factor que debe considerar al escoger un guante es la textura. Algunos guantes, especialmente los lavables, tienen estrías en la parte de las yemas de los dedos o las palmas. Esos son buenos si va a moldear o exprimir incienso, pero si va a amasarlo y darle forma, las estrías dejarán marcas en la masa. Esto no tiene impacto sobre las propiedades de encendido, pero podría afectar la tersura de la superficie del incienso.

Algunos fabricantes prefieren trabajar el incienso a mano limpia. Desde luego que usted puede hacerlo, pero lave bien sus manos cuando termine. Si usa aceites u otros materiales a los que es sensible, siempre utilice guantes.

Cucharas medidoras

Aunque las recetas de incienso son presentadas en diferentes formatos, muchos libros de incienso modernos usan cucharaditas y cucharadas para medición. Este libro emplea ese método además de presentar recetas por peso y proporción. Cualquier cuchara de medición sirve, pero las metálicas son la mejor elección. Las plásticas tienden a retener electricidad estática que puede hacer más difícil la medición y el vertido.

Balanza

Un método más preciso es usar una balanza para medir los ingredientes del incienso. Para elaborar las pequeñas cantidades del fabricante casero, necesitará una balanza sensible. La económica balanza postal no funcionará. Una balanza de cocina sensible es buena elección. Las digitales son más fáciles de usar pero pueden ser costosas. Consiga una que pueda medir medios gramos. También funcionará bien la anticuada balanza de triple astil.

Varas mezcladoras

Se puede usar cualquier tipo de vara o cuchara para mezclar, pero prefiero las de palo. Éstas están disponibles en la mayoría de tiendas de pasatiempos y artes manuales. Son económicas y funcionan muy bien. Si piensa usar repetidamente una cuchara de palo u otra herramienta para revolver, asegúrese de lavarla bien antes de que el incienso se seque en ella. Puede ser limpiada después de que el incienso esté seco, pero es mucho más difícil.

Tabla de secado

Aunque no es obligatorio, me gusta usar tablas de secado que no se empleen para nada más. Mis tablas son bastante largas y angostas, con un borde levantado en uno de los lados largos. Eso me permite hacer palitos bastante largos. Pero se pueden emplear muchas superficies para secar. La madera pura funciona bien, aunque las superficies laminadas también sirven. Sólo asegúrese de que la tabla sea de un tamaño fácil de mover, y lo suficientemente fuerte para que no se doble al ser recogida. En caso necesario, podría incluso secar el incienso sobre cartón. Tal vez termine con un poco de papel pegado al incienso, pero es removido fácilmente. Por encima de todo lo demás, asegúrese de que la tabla esté limpia y seca antes de cada uso.

Herramientas para arcilla

En el mercado encontrará diferentes herramientas para trabajar la arcilla, y casi todas también son perfectas para hacer incienso. Desde luego que no necesita comprarlas todas para la fabricación de incienso, pero podría encontrarlas útiles. Las herramientas para trabajar la arcilla son muy resistentes y no se parten cuando se utilizan en la dura masa de incienso. Esta categoría no incluye herramientas diseñadas para arcillas plásticas (como la arcilla de niños que no endurece o la "cocida en horno casero", que son mucho más blandas que la arcilla natural). Las herramientas para arcillas plásticas son apropiadas, especialmente si son metálicas, pero también es probable que se partan por la presión que se ejerce al hacer incienso. Las herramientas para arcilla brindan un amplio surtido de elementos para perforar, cortar, recortar y raspar que pueden ser usados en la fabricación de elaboradas formas de incienso.

Herramientas rituales

Además de los elementos utilizados para mezclar y formar el incienso, las herramientas mágicas son muy útiles cuando se hace incienso para uso ritual. Pentaclos, athames y cristales pueden ser usados para transmitir nuestra energía al incienso. También podemos echar en un cáliz o calderón el líquido usado para hacer incienso, y al igual transmitirle energía.

Tenga en cuenta que las herramientas rituales son una parte importante de este arte. Deben ser manejadas con cuidado y respeto todo el tiempo. Asegúrese de limpiarlas bien después de usarlas para hacer incienso. Polvo e incluso incienso mojado pueden caer sobre las herramientas de altar y deben ser limpiados enseguida.

Notas sobre limpieza

Aunque podemos remover incienso seco de las herramientas, es mucho más sencillo limpiarlas antes de que el incienso se seque. Tan pronto como termine de amasar y darle forma al incienso, saque unos minutos para limpiar todo. Si reutiliza las cucharas o tazones de mezclado, deben ser limpiados en seguida. Herramientas de arcilla, moldes de incienso y cuchillos también necesitan una limpieza minuciosa. Lo más importante, si usa un exprimidor asegúrese de limpiarlo tan pronto como termine su trabajo con él. Desármelo completamente y lave cada parte. Esto toma sólo unos minutos y puede ahorrarle muchos dolores de cabeza después. Si no tiene tiempo para limpiar las herramientas inmediatamente, al menos desarme el exprimidor y sumérjalo en agua. Si deja que el incienso se seque dentro del exprimidor armado, el material tiende a pegar todo el instrumento. Si esto sucede, deje el exprimidor en agua caliente durante treinta minutos para despegar sus partes.

Preparación del espacio de trabajo

No necesita un espacio grande y tampoco que sea dedicado todo el tiempo para hacer incienso. Sí es necesario que sea un lugar que pueda aislar si tiene niños o mascotas curiosas. La cocina suele ser apropiada, pero cualquier espacio limpio servirá.

Niños y mascotas

El primer paso para preparar el espacio de trabajo es dejar al margen niños y mascotas. Muchos ingredientes del incienso tienen un olor llamativo para ellos, pero el incienso no está destinado para ser ingerido. A menudo contiene cosas, tales como polvo de madera, que no son saludables para el cuerpo si son consumidas. Es importante que nadie toque el incienso mientras se seca. Por ejemplo, si tiene gatos y planea usar hierba gatera o Palo Santo en el incienso, séquelo donde los gatos no puedan llegar. Incluso si no van por el incienso, todo su trabajo puede ser destruido en momentos. Seque el incienso y los ingredientes fuera del alcance de manos pequeñas, garras y picos.

Ventilación

Yo evitaría hacer incienso en un área sin ventilación. Sin embargo, como el material en polvo puede terminar en el aire, es buena idea tener un flujo de aire limitado. Si la ventilación es un problema, considere el uso de un pequeño filtro limpiador de aire. Son económicos y reducen enormemente la cantidad de polvo en el aire, pero sólo debe hacer eso si es necesario.

Debe evitar áreas con alto flujo de aire. Evite rejillas de ventilación o ventiladores porque aunque ayudan a mantener limpio el aire, hacen que el incienso se seque antes de terminar el trabajo. En realidad, sólo debe preocuparse por mantener limpio el aire si está manejando grandes cantidades de material en polvo. Para la mayoría de fabricantes de incienso casero esto no es un problema.

Consideraciones mágicas

Debe tener en cuenta aspectos adicionales en el área de trabajo si va a hacer incienso para uso mágico. Expulsar energías negativas, imbuir el espacio de energías positivas y crear un lugar seguro son factores importantes. No olvide que las energías presentes mientras mezcla y da forma al incienso pueden tener un impacto sobre el producto final.

La limpieza es necesaria en dos sentidos de la palabra. Debe limpiar el área físicamente mientras la prepara. También necesita limpiarla en un sentido mágico. Cualquier energía negativa presente en su espacio de trabajo podría ser parte del incienso. Para limpiar el área se puede utilizar incienso. Muchos prefieren limpiar el espacio con incienso de salvia, pero usted puede usar el aroma que considere apropiado. Si utiliza una escoba alrededor del altar, úsela también en el área de fabricación de incienso. Mientras prepara el espacio, "expulse" las energías negativas presentes. Éstas pueden surgir de la vida cotidiana (discusiones, preocupaciones por dinero, etc.), por eso siempre debe limpiar el espacio de trabajo. Al hacer incienso mágico es importante poder trabajar sin interrupción de veinte a treinta minutos. No olvide desconectar el teléfono.

Una vez que elimine las energías negativas, adicione energías positivas al espacio. Esto puede ser hecho prendiendo incienso o velas que le traigan alegría. Puede llamar energías positivas, deidades y espíritus para que se le unan en su trabajo. En otras palabras, "tenga una actitud feliz". Vístase con ropa cómoda o un traje ritual que aumente el placer de la experiencia. Una vez que esté listo el espacio sagrado, por un momento haga algo pequeño que le traiga alegría. Puede ser tan simple como tomar una respiración profunda o evocar un recuerdo feliz. Es una forma rápida de mejorar el estado de ánimo y de este modo su energía. Finalmente, es importante que mantenga el área segura de peligros físicos y también de influencias externas. Por eso es buena idea desconectar el teléfono o bajarle el volumen (no olvide los celulares). Aleje de la vista objetos distractores.

Música

Un elemento final, opcional pero útil, es la música. Ésta eleva el espíritu y puede tener un gran impacto sobre la energía que hay en un espacio. También es útil para ayudar a mantener las energías positivas. ¿El incienso olerá diferente si es hecho con música? Eso es improbable, pero usted podría sentir una energía diferente en el incienso hecho de las dos formas, con música y sin ella. No es crítico pero hace que el proceso sea más agradable.

Preparación del área de secado

Servirá casi cualquier área que no esté demasiado seca (la humedad baja hace que el incienso se seque muy rápido). Sólo debe recordar algunos factores importantes. Primero, asegúrese de no secar incienso bajo la luz solar (o cualquier luz directa, pero la solar hace el mayor daño). Segundo, debe evitar los lugares demasiado calientes. Aunque podría escoger un sitio caliente para que el incienso se seque más rápido, es preferible un lugar fresco pero no frío, libre de polvo y con poco movimiento de aire.

52

Exprimir y moldear

Si su objetivo es hacer incienso con olor agradable y se queme bien, puede limitarse a amasarlo y darle forma con la mano. Si desea hacer incienso con una apariencia maravillosa, podría exprimir o moldear el material. Conozco fabricantes de incienso que elaboran conos a mano y no quieren hacer nada más. Eso está bien si cumple nuestras necesidades. Pero si usted quiere más consistencia, un exprimidor o un molde podrían servirle.

Moldes de látex

Es difícil encontrar moldes de incienso. Así como la mayoría de fabricantes guardan celosamente sus recetas, también tienden a mantener ocultas sus herramientas. Debido a que, hasta hace poco tiempo la fabricación de incienso era una forma de arte restringida (y la industria relacionada todavía no se ha puesto al tanto de esta tendencia) casi nunca se oye hablar de moldes comerciales. Si tiene la suerte de encontrar uno (vea la lista de distribuidores en el apéndice B), siga las instrucciones que vienen con el molde. Es más probable que, si lo necesita, tendrá que fabricarlo usted mismo.

Hacer un molde

Si no encuentra un molde, deberá fabricarlo. Incluso alguien que nunca antes haya hecho algo como esto descubrirá que es bastante simple. Una de las ventajas de construir el molde es que podrá hacer incienso de la forma exacta que desee. Es un trabajo adicional que valdrá la pena porque durante muchos años fabricará incienso una y otra vez con sus propios moldes. El molde de látex no es apropiado para crear palitos con varas de bambú, pero encontrará una ingeniosa forma de hacerlos al final de esta sección.

1. Construya un prototipo

El primer paso es hacer un cono "perfecto". Debe hacerlo a mano con incienso o, mejor aun, con arcilla. Necesita arcilla que se seque, así que no sirve la arcilla de niños, que no endurece. Hay muchas marcas de arcilla disponibles que pueden ser metidas en el horno para lograr un rápido secado. Haga su cono y séquelo (o métalo al horno) por completo. Si lo desea, puede usar como prototipo un cono comercial que haya comprado. La desventaja es que la mayoría de estos conos son demasiado cortos y gruesos. Hay un par de marcas que ofrecen conos largos y delgados. Son los que funcionarán mejor. También debe examinar el cono para ver si tiene junturas. Muchos conos comerciales son hechos en moldes de dos partes que dejan una línea de unión. Debe cortarla o lijarla antes de continuar con el siguiente paso.

Cuando el cono esté listo, necesitará un pedazo de madera o cartón grueso. Un trozo de madera de dos pulgadas cuadradas es perfecto. Usando pegamento blanco, pegue la base del cono en el centro de la tabla. Si usa incienso real como prototipo, aplique también una capa delgada de pegante sobre la superficie del cono para sellarlo. Si utiliza arcilla para el prototipo, este paso no será necesario. Deje que el cono y la madera se sequen completamente (al menos veinticuatro horas, tal vez más).

2. Use látex líquido

En la actualidad se consiguen en el mercado varias clases de látex líquido. Si planea usarlo sólo para este trabajo, compre el recipiente más pequeño que encuentre. Gastará muy poco látex para hacer un solo molde de cono. También necesitará una brocha suave y pequeña, pero no la compre costosa, una barata funcionará bien. Siempre siga las instrucciones del látex adquirido. Las siguientes pautas funcionan bien con cualquier látex que he visto, pero si lo que digo no está de acuerdo con la etiqueta que viene con su látex, siga lo indicado por ella.

Aplique una capa fina de látex sobre todo el cono y la superficie de la madera o el cartón. Si usa una tabla de dos pulgadas por dos pulgadas, eche el látex sobre toda la superficie hasta los bordes. Inmediatamente, con un trapo húmedo limpie el látex que haya quedado en los lados de la tabla. Lave la brocha siguiendo las instrucciones de la etiqueta.

Deje que la primera capa se seque por completo (vea en la etiqueta del látex cuánto tiempo podría tomar el secado). Aplique una segunda y una tercera capa del mismo modo. Cuando la tercera capa esté totalmente seca puede continuar con el siguiente paso. Sólo toma uno o dos minutos aplicar cada capa, aunque para secarse podría necesitar una hora o más.

3. *Refuerce con gasa*

Después de que la tercera capa se seque debe cortar un poco de gasa. Ponga una o dos bandas lisas sobre la superficie de la madera. Haga un pequeño corte en la gasa a fin de abrir espacio para el cono que yace sobre la tabla. También envuelva gasa en toda la superficie del cono. No necesita usar más gasa sobre el cono que la requerida para cubrirlo por completo. La gasa de abajo debe ser un poco más larga que la madera misma, de tal forma que parte de ella cuelgue sobre el borde.

Una vez que haya cortado la gasa, aplique otra capa delgada de látex. Luego coloque y presione con cuidado la gasa sobre el látex húmedo. No se preocupe si hay un poco de gasa adicional en este paso. Una vez que se humedece puede estirar más que cuando estaba seca. Eso es fácil de arreglar después. Luego de presionar la gasa sobre el látex, aplique otra capa muy delgada sobre ella para asegurar que quede toda húmeda.

Cuando se seque la capa de gasa (permita veinticuatro horas para que se seque completamente), aplique otras dos capas finas de látex. Todo ese látex combinado con la gasa formará un molde resistente que durará mucho tiempo. Después que la capa final de látex se seque, espolvoréele un poco de talco. Eso evitará que después el látex se pegue. No deje talco regado sobre el molde, sople o limpie el exceso de polvo. Tome firmemente uno de los pedazos de gasa colgantes. Desprenda el molde de la madera con cuidado. Haga esto alrededor del molde hasta que la base esté totalmente libre de la madera. Luego afloje y remueva con lentitud el cono.

4. *Corte el lado*

¡Su molde está casi listo! Tal vez pudo remover el molde del cono sin voltearlo. Pero si no se desprendió, puede hurgar y ayudarlo a salir. Por eso es tan importante espolvorear talco. El último paso es usar unas tijeras afiladas y hacer un solo corte. Empiece en el borde central de un lado de la base y haga un corte derecho hasta la punta del cono. Esa abertura le permitirá abrir el molde después y remover el cono húmedo.

Esto parece mucho trabajo cuando podemos hacer conos con las manos, pero el proceso completo se realiza en tres días. Y no se requiere más de una o dos horas durante esos tres días, pues la mayor parte del tiempo es para el secado.

Exprimidores

Para hacer palitos y rollos espirales de apariencia profesional necesitará un exprimidor, que básicamente es una herramienta para "sacar a chorro" la masa de incienso. Hay muchos aparatos usados para esto en la decoración de pasteles, y tal vez quiera usar uno de ellos para la fabricación de incienso. He ensayado esto con muchos aparatos de cocina, y descubierto que la mayoría son muy débiles para emplear con el incienso. No recomiendo usar algo con varias partes plásticas. El plástico no es fuerte para trabajar con la masa de incienso. Las bolsas para decorar pasteles tampoco son resistentes, aunque podría hacer un exprimidor sencillo consiguiendo una bolsa plástica bien gruesa y cortando un extremo. Puede exprimir la masa por el agujero, pero las bolsas usualmente se rompen después de pocos minutos de uso. Los únicos aparatos de cocina que pueden funcionar son las prensas de galletas. La masa de éstas a menudo es más dura y densa que la del incienso, y las prensas están diseñadas teniendo en cuenta eso. No pierda el tiempo con una plástica, pero las metálicas podrían servir para la fabricación de incienso. Sin embargo, la mayoría de prensas de galletas son usadas con grandes masas, y el incienso lo hacemos en pequeñas cantidades. Tenga en cuenta que una vez que elabore incienso con esta prensa, ya no servirá para hacer galletas.

Los exprimidores más sencillos y resistentes son los fabricados para trabajar con arcilla. En las tiendas de variedades puede encontrar varias clases de "jeringas de arcilla". Éstas son básicamente jeringas metálicas con un surtido de puntas para exprimir arcilla en diferentes formas. Su precio varía, y por lo general funcionan bien como exprimidores de incienso con una excepción. Las puntas suelen ser discos planos con agujeros en el centro. Diferentes agujeros producen formas de arcilla distintas. La masa de incienso no fluye de la misma forma que las arcillas plásticas. La arcilla sale de estos exprimidores en chorros lisos, pero la masa de incienso a menudo lo hace con una superficie muy áspera y rasgada. Esto puede ser remediado amasando ligeramente el incienso para alisar la superficie.

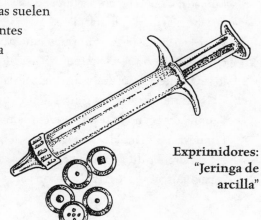

Exprimidores: "Jeringa de arcilla"

55

Una mejor opción es modificar un poco la jeringa de arcilla. El incienso es exprimido suavemente usando una punta ahusada en lugar de una plana. Mi primer exprimidor era una jeringa de este tipo. Al mismo tiempo, había comprado una jeringa plástica empleada para dar medicina líquida a bebés. La jeringa plástica se partió poco tiempo después debido a la presión, pero su punta ahusada nunca falló. Corté esta punta ahusada de una pulgada y la inserté en la jeringa de arcilla. El resultado fue fantástico, elaboré los espaguetis más lisos como nunca antes lo había hecho.

56

Usando este tipo de exprimidor podrá hacer no sólo espaguetis maravillosos, sino también largos rollos de la forma que desee. Incluso puede utilizarlo para escribir con incienso. Escribir el nombre de alguien con incienso siempre es un obsequio llamativo. Es fácil de construir este tipo de exprimidor y sin duda vale la pena. Usted estará a la par de cualquier fabricante profesional de incienso.

En mi caso uso un exprimidor mucho más grande hecho con una pistola de calafateo. No tengo espacio en este libro para explicar cómo construir uno de estos exprimidores, pero si usted es hábil en el taller estoy seguro que puede imaginarlo. De otra manera, no se moleste en intentarlo. La jeringa de arcilla es la que necesita la mayoría de fabricantes de incienso.

Moldes de pajitas (pitillos)

Esta es una forma simple de hacer un molde para espaguetis o palitos con varas de bambú. Tome una pajita plástica y rájela por completo. Luego llene el interior de la pajita con la masa húmeda. Llénela bien y asegúrese de sacar todas las burbujas de aire. Ahora adicione una varita de bambú o un palillo si lo desea. Luego, con los bordes de la raja traslapados ligeramente, presione la pajita firme y uniformemente para que la masa quede bien comprimida. Deje la pajita quieta de cinco a veinte minutos y después despréndala del incienso. Si éste se ha compactado lo suficiente, podría deslizarlo fuera de la pajita.

No intente secar los palitos dentro de las pajitas. Si no tiene un espacio de aire a su alrededor, la masa no se secará y eventualmente cogerá moho. Si quiere secarlas en una pajita, remuévalas del molde e inserte el incienso en una pajita más grande para que haya un espacio de aire. Es difícil encontrar pajitas de gran tamaño, pero es una forma fácil de moldear espaguetis, cilindros o palitos con varas de bambú.

Las herramientas y el espacio de trabajo para hacer incienso no son complicados. Los moldes y exprimidores divierten mucho, pero son opcionales. Sólo necesita buscar en su casa y encontrará la mayoría de los elementos que requiere. Debe pensar un poco para elegir el espacio de trabajo, pero todas las viviendas tienen lugares apropiados para esto. Aunque preparar el área para hacer incienso ritual parece mucho más complicado, en realidad no es así. Mantenga energías positivas a su alrededor y todo saldrá bien.

57

CAPÍTULO SEIS

Fabricación del incienso

Ya ha seleccionado los materiales, preparado el área de trabajo y reunido las herramientas; ahora es tiempo de trabajar con su primera masa de incienso. Asegúrese de tener todo lo que necesita y desconectar el teléfono. Cerca de media hora es todo el tiempo que necesita, y cuando empiece es mejor que no sea interrumpido.

Escoger la receta

Hay dos aspectos para elegir una receta. El primero, y más importante, son los materiales que tiene a su disposición. Haga un rápido inventario de las hierbas, resinas y madera que tiene en la alacena y compárelo con las recetas. Algunas mezclas de incienso son creadas simplemente porque eran los ingredientes que el fabricante tenía a la mano.

El segundo factor a considerar cuando se escoge una receta es el resultado deseado. ¿Quiere un aroma floral o terroso? ¿Algo claro u oscuro? Si desea crear un tipo de fragancia particular, revise sus recetas y encuentre una que le parezca apropiada. Consiga una receta que pueda realizar con lo que tiene disponible o para la que sólo necesita uno o dos ingredientes. Luego reúna los materiales antes de intentar elaborar el incienso. Si la receta luce llamativa o simplemente quiere ensayarla, entonces vale la pena el esfuerzo de conseguir los ingredientes faltantes.

Al fabricar incienso mágico es necesario considerar otros aspectos adicionales a la elección de la receta. Si va a fabricar incienso para un ritual o hechizo, los ingredientes deben complementar ese trabajo. Aunque advierto que no debe emplear ingredientes sólo debido a sus asociaciones mágicas. Tenga cuidado de no utilizar tampoco algo que podría oponerse a sus objetivos.

Mezclar los ingredientes secos

Aunque otros libros sobre incienso sugieren la idea de mezclar el aglomerante con agua para formar una goma y luego adicionarle a ella aromáticos, no me gusta ese método. El método de mezclar en seco es más fácil y seguro, pero usted puede usar el otro si está familiarizado con él.

Mezcla

Combine todos los aromáticos en polvo, material base y aglomerante en un tazón. Mezcle con una vara o cuchara de madera. Este es un paso importante que no debe ser acelerado. Revuelva y mezcle hasta que el polvo tenga un solo color consistente. Si observa terrones en la mezcla, desmorónelos y revuélvalos en el polvo. Estos terrones pueden perjudicar la capacidad del incienso para quemarse. A menudo se forman en materiales pulverizados, especialmente resinas, cuando son almacenados. Si nota muchos terrones cuando esté mezclando, cribe la mezcla antes de seguir.

Algunos fabricantes de incienso combinan los ingredientes pulverizados en un mortero y luego los muelen y mezclan al mismo tiempo. Este es un paso adicional que no se requiere pero puede mejorar la calidad del incienso. Esto es parte del proceso que controlamos cuando hacemos nuestro propio incienso.

Otra forma de mejorar la calidad del incienso es mezclar con cuidado los ingredientes pulverizados, pero dejando fuera el aglomerante. Una vez mezclados, ponga la mezcla en un recipiente sellado, preferiblemente uno de color oscuro o que bloquee la luz por completo. Luego deje en reposo la mezcla en un lugar seco y fresco (pero no frío) durante uno a tres meses. Si lo desea puede dejarla más tiempo. Esto permite que se mezclen los diversos aromas. Es otro paso adicional que mejora el incienso. Pero no olvide adicionar el aglomerante antes de agregar el líquido. Es mejor no adicionar el aglomerante desde el comienzo porque las gomas pueden formar terrones, aunque si se utiliza makko, debería ser añejado con el resto de la mezcla.

Visualización

Durante el proceso de mezcla tiene una excelente oportunidad de "orientar" las energías del incienso. Puede hacerlo por medio de una visualización básica. Mientras mezcla el incienso, imagine el resultado deseado del mismo. Si lo está haciendo para un hechizo de prosperidad, visualice (vea con su imaginación) el resultado financiero que necesita. Si el incienso es para amor, imagine la relación perfecta con la persona que ama. Incluso si lo hace para uso mundano, visualice la vida feliz que anhela o el amor que tiene por la persona que recibirá el incienso.

Este proceso de visualización da forma a la energía en el incienso. Sin visualización, la energía será liberada pero no enfocada. Eso está bien si sólo quiere energizar un espacio, pero para lograr objetivos específicos con el incienso, visualícelos durante todo el proceso de fabricación del mismo. Es una gran forma de compartir su amor.

Transmisión de energía

El incienso mismo contiene energía. La energía de las plantas usadas también yace en el incienso. Los muchos días de sol y lluvia, las estaciones de muchos años, y un gran número de lunas llenas están almacenados en los ingredientes del incienso. Esta es una de las razones por las que es tan importante emplear ingredientes naturales en el incienso y manejarlos con respeto y amor. En algunos casos, estas plantas y árboles han dado su vida para que usted elabore el incienso. Aprecie esa energía, respétela. Nunca derroche o descuide esa energía.

Además de usar la visualización para orientar la energía inherente en su incienso, también puede aumentarla. De todos modos, este proceso ocurre naturalmente hasta cierto límite mientras se mezcla el incienso. Al mezclar y amasar transmite su energía en él. Puede adicionar aun más poder canalizando energía de usted mismo en el incienso mientras mezcla. La energía también puede ser transmitida de herramientas rituales, especialmente athames. Ponga el tazón de mezclado sobre la herramienta y, mediante la visualización, vea la energía en ella fluyendo al incienso. No debe hacer esto rutinariamente (o sus herramientas nunca tendrán la posibilidad de acumular más energía), pero es un método útil para maximizar el poder del incienso.

Otros factores importantes en la transmisión energética son cuándo y dónde es hecho el incienso. Mezclarlo bajo luna llena o dentro de un círculo mágico aumentará su energía. También he descubierto que el incienso se energiza mucho más cuando es mezclado e incluso amasado y formado en lugares de poder. La próxima vez diríjase al bosque, lleve algunos ingredientes de incienso y mezcle el polvo en un pequeño sitio especial. Si es posible, adicione algo del lugar donde lo mezcla, ya sea un pedazo de hoja o corteza, o incluso agua cogida y usada después para amasar el incienso. Todos tenemos lugares donde nuestra energía es maximizada. Mezcle su incienso ahí y también recibirá parte de esa energía. ¿Es obligatorio hacer incienso bajo tales condiciones especiales? Desde luego que no; puede hacer incienso en cualquier momento del día o el año. Simplemente es una manera de dar máxima energía a sus esfuerzos.

62   Si es cargado en la forma correcta, el incienso puede actuar como batería mágica. Hay muchas formas de maximizar esa energía, pero maximizarla no es tan importante como enfocarla. Mucha energía sin propósito puede hacer tanto mal como bien, así que asegúrese de usar su capacidad de visualización al hacer cualquier mezcla de incienso, incluso para objetivos mundanos.

Adición de líquido

Ya sea que esté empleando una receta "tradicional", una de este libro, o incluso una que usted haya creado, es importante siempre empezar con menos agua (u otros líquidos) que la requerida en la receta. Factores sutiles como la temperatura de la habitación, la humedad o la temperatura del agua pueden tener un efecto sobre la cantidad de líquido necesitado. Es fácil agregar más agua si la mezcla está muy seca, pero es difícil removerla si se ha echado demasiada.

Cuando esté listo para adicionar el agua (inmediatamente después de mezclar todos los ingredientes secos, o después de añejar la mezcla y agregarle el aglomerante), empiece adicionando cerca de tres cuartos de la cantidad total de agua requerida en la receta. Mezcle bien el líquido. Esto podría tomar hasta cinco minutos. En principio puede parecer que tiene mucho polvo seco y no suficiente agua, pero siga mezclando. Mientras lo hace, presione la mezcla para forzar el agua en las áreas secas y saturarlas. Se sorprenderá de la poca agua que requieren algunas recetas.

Mientras revuelve, la mezcla empezará a lucir como una masa de torta desplegada. A menudo se fraccionará en pequeñas bolas de material. Algunos ingredientes podrían no actuar de esa forma, pero la mayoría lo hará. Una vez que el material llegue a esta etapa, o si usted ha revuelto la mezcla varios minutos, póngase los guantes y use las manos para formar una sola masa de incienso. Si la masa no se compacta, adicione un poco más de agua. Incluso si la mezcla está muy seca, debería poder cogerla en la mano. Cuando pueda hacer eso, empiece a amasar la mezcla con las manos. Después de amasar durante varios minutos, trate de formar una sola bola grande en sus manos. Si puede formar la bola, observe su superficie. ¿Está lisa y libre de grietas? En tal caso, puede empezar a darle forma al incienso. De otra manera, adicione ⅛ de cucharadita de agua y amase de nuevo por al menos treinta segundos. Nunca debe usar demasiado líquido, así que sólo exceda la cantidad de agua en la receta si está completamente seguro de que la necesita.

La paciencia es muy importante en esta etapa. Siempre mezcle bien la masa después de cada adición de líquido. Es sorprendente la diferencia que hace en la mezcla un poquito de agua. El amasado dispersa el agua en toda la mezcla. Agregar demasiado líquido hace que el incienso sea difícil de manejar y formar. Si accidentalmente adiciona mucha agua, vea en el capítulo 9 algunas sugerencias para salvar su masa.

63

Adición de aceites

Si piensa agregar aceites a su incienso, este es el momento apropiado para hacerlo. Forme con la masa una sola bola y busque grietas. Si se ve aceptable, presione el dedo pulgar en la masa. Adicione algunas gotas de aceite en la huella y con cuidado doble la masa sobre la parte superior. Luego amase durante varios minutos para dispersar el aceite uniformemente en toda la masa.

Manejo de incienso húmedo

Una vez que tenga su masa lista para darle forma, hay algunas cosas básicas que debe tener en cuenta mientras el incienso esté húmedo. Una vez que se seque reflejará cómo fue manejado cuando estaba húmedo. Será gratificado enormemente por tener un trabajo bien preparado y un área de secado apropiada para el incienso.

Siempre que maneje incienso húmedo debe usar guantes. Esto es especialmente importante si ha adicionado aceites a la mezcla. El incienso húmedo es pegajoso y se adherirá a su piel. Los aceites agregados, o incluso aceites naturales en los materiales usados, pueden entrar a su cuerpo a través de la piel. Debo reconocer que en una ocasión mezclé incienso sin guantes para lograr una conexión más íntima con él, pero no haría de esto un hábito regular.

Es importante que trabaje con la masa de incienso en un área limpia en general. Es bueno trabajar sobre un suelo que pueda ser fregado. Limpie el piso alrededor del área donde manejará la masa. Esto es para proteger el incienso en caso de que se le caiga. Dejar caer incienso húmedo sobre un piso que no esté bien limpio, hará que la masa quede con cabellos o hilachas. Es prácticamente imposible quitarlos del incienso húmedo, y el cabello ardiente nunca es un buen aromático.

Otra sugerencia importante es siempre limpiar las superficies de trabajo y secado entre sesiones de fabricación. Si ha secado incienso en una tabla, a menudo quedarán restos de trozos pequeños y polvo. Si coloca incienso húmedo sobre ese material, lo adherirá a su superficie. Esto no es problema si está preparando la misma fragancia, pero si emplea una mezcla diferente no necesita los "desechos" del último trabajo pegados al nuevo.

Una vez que active el aglomerante en la mezcla adicionando agua (u otros líquidos), tendrá un tiempo limitado para darle forma al incienso. Debido a que ha echado la menor cantidad de agua posible, su incienso empezará a secarse en seguida. Si no le da forma, se secará como lo haya dejado. Por eso es buena idea desconectar el teléfono, cerrar la puerta y reservar treinta minutos para hacer el incienso. Pero la vida cotidiana no siempre coopera con nuestros planes. Si tiene que dejar a un lado el incienso húmedo por varios minutos, tápelo con una toalla de papel húmeda. Si se aleja del lugar por un tiempo indeterminado, debe considerar colocar la masa cubierta en un recipiente sellado (como una vasija de vidrio). Incluso sellado de esa forma, no debe dejar el incienso en reposo por más de unas horas. A menudo, el moho empieza a crecer sobre el incienso húmedo en sólo una hora. Aún si no puede verlo, el moho sobre la superficie del incienso será parte de la mezcla cuando vuelva a amasarla o exprimirla. Peor aún, algunas mezclas se enmohecen visiblemente de la noche a la mañana. Es triste perder algo que requirió mucho cuidado y esfuerzo.

También es importante visualizar durante todo el proceso. Si tiene un problema o deja caer algo, no se moleste. La energía negativa que canalice en el incienso será liberada cuando éste sea quemado, al igual que la energía positiva. Escuche música que lo alegre, mantenga un pensamiento positivo y disfrute el proceso de fabricación del incienso.

Dar forma al incienso

Dar forma a la "masa" es uno de las partes más divertidas en la fabricación de incienso. Escoja la forma (o formas) que le interesa y comience a hacer el trabajo final con la masa. Aunque el incienso se encogerá un poco al secarse, la forma que haga será la que conserve el incienso terminado.

Conos

La manera más básica y sin duda la más antigua para dar forma al incienso es utilizando las manos. De este modo puede hacer un cono sencillo. Tome un pedazo de masa de incienso

(¼ de cucharadita o menos). Con el dedo pulgar y el índice de ambas manos forme con la masa una pirámide larga y delgada de cuatro lados. Si es suficientemente delgada, esta forma servirá para muchas recetas.

Puede refinar esta forma simple levantando la pirámide y amasándola en la palma de una mano con el dedo índice de la otra. Ponga el dedo paralelo sobre el cono de tal forma que lo cubra por completo. Luego amase el cono de un lado a otro con rapidez para redondear los bordes y crear la forma de cono que todos conocemos. Esto también hará que quede más largo y delgado (lo cual mejorará las propiedades de encendido). Quite ¼ del cono en la parte superior (que es muy delgada) y déjela plana. Luego puede presionar el extremo grueso del cono sobre la tabla de secado (como si estuviera asentándolo para quemarlo). Presionarlo a menudo hará que la base se deforme un poco. Eso quizás no tendrá mucho efecto sobre el incienso al quemarse, pero si no le gusta la forma en que se ve el cono, use una hoja de afeitar o un cuchillo para crear una base bien plana. El cono debe tener una base no más gruesa que un lápiz sin punta y una longitud de 1½ a 2½ pulgadas.

Espaguetis/cilindros

Hay varias formas de hacer espaguetis y cilindros a mano. La más obvia es coger un poco de incienso y amasarlo entre las manos o sobre una superficie plana —¡como cuando jugábamos con la arcilla cuando éramos niños!— La parte más difícil de hacer espaguetis y cilindros de esta manera es lograr que tengan un espesor consistente. Estos tipos de cilindros frecuentemente varían de grosor a lo largo de toda su longitud. Siempre que no sean demasiado gruesos se quemarán bien. Con la práctica podrá amasar cilindros muy uniformes.

Otra técnica que funciona bien es más un enfoque de panadería aplicado a la fabricación de incienso. He conocido fabricantes que emplean este método con gran eficacia. Tome la masa y aplánela. Puede usar un rodillo de pastelero (pero recuerde que no podrá volverlo a utilizar para preparar comida), un trozo de madera cilíndrica o incluso de tubo. Una vez que esté aplanada (podría hacer eso sobre papel encerado o de aluminio), corte tiras. Una cortadora de pizza funciona bien para este propósito, pero un simple cuchillo de plástico o incluso un palillo también sirve. Puede dejar el incienso en tiras o cogerlas y amasarlas ligeramente con las manos para redondear los bordes. Lo mejor es cortar las tiras en una anchura igual al grosor de la masa. Eso le dará palitos cuadrados, que son fáciles de redondear y se secan uniformemente.

Palitos

Aquí me refiero a palitos con varas de bambú hasta el centro. No recomiendo esta forma, pero muchos fabricantes novatos hacen este tipo de incienso. La manera más fácil de hacerlo es crear un espagueti o incluso un cilindro, como se describió antes, y luego insertar la vara de bambú hasta el centro. Cuando haga eso, es buena idea presionar la masa (o mejor, rodarla ligeramente) sobre la vara para asegurar que se pegue a la madera. Un factor importante para crear un palito de este tipo que se queme bien, es usar una vara de bambú bastante delgada. La forma más simple de hacerlo es comprar broquetas de bambú en la tienda de comestibles y luego cortar una con una hoja de afeitar o un cuchillo. Como siempre, tenga mucho cuidado al manejar estas hojas afiladas. Use la vara más delgada que sea lo suficientemente fuerte para sostener el incienso.

Una alternativa para poner una vara hasta el centro es el método del palillo. Haga un cilindro un poco más grueso que un palito de incienso promedio. Luego inserte un palillo de punta redondeada en un extremo del cilindro. Introdúzcalo hasta la mitad. De esta manera, logra las ventajas de tener la vara de madera sin la desventaja de quemarla. Hay una oportunidad mucho mejor de crear un palito que se quemará bien.

Molde de cono de látex

Si se ha esforzado en hacer un molde, debe usarlo correctamente. Su molde es único, así que podría descubrir sus propias mañas para utilizarlo, pero las siguientes instrucciones le darán una gran idea de cómo hacer que le funcione mejor.

1. Cubrir con cinta

Este paso es opcional pero bueno para los primeros usos. Tome un pedazo de cinta de celofán y envuélvalo alrededor de la parte más gruesa de la sección del cono para tener cerrada la juntura. Cuando haya hecho varios conos con el molde, podría saltarse este paso, pues retrasa un poco el proceso.

2. Humedecer el molde

Agregue una o dos gotas de agua en el interior del molde encintado. Use la punta del dedo o un algodón para esparcir uniformemente una capa fina de agua alrededor de todo el lado interno del molde. Esto hará que el incienso salga mucho más fácil del molde. Si su mezcla de incienso está algo húmeda, omita este paso.

3. Llenado del molde

El siguiente paso es llenar el molde. Tómelo con el pulgar sobre el corte en el lado. Incluso con cinta, el molde puede abrirse ligeramente mientras lo llena, y poner el dedo pulgar ayuda a mantener cerrada la juntura. Introduzca el incienso húmedo en el molde. Es mejor hacer la pirámide de cuatro lados mencionada atrás y luego insertarla en el molde. Eso creará menos espacios de aire. Presione la masa en el molde hasta que se llene pero sin rebosar. Un molde sobrellenado dañará la forma. Cualquier exceso de masa salido de la base del molde puede ser raspado o cortado para formar una base plana.

4. Remover el incienso

El paso final es remover el incienso del molde. Quite la cinta del molde, si la usó, y ábralo en el corte. Ábralo todo lo que pueda. Luego voltéelo con la mano libre y sacúdalo para sacar el cono. Puede lograr mejores resultados abriendo el molde y sacando el incienso cuidadosamente por su base. Una vez removido del molde, puede poner el cono en la tabla de secado.

Uso del exprimidor

Podría descubrir que necesita reformular un poco sus recetas. Tal vez necesite más líquido, y usar agua caliente puede ayudar. Si utiliza agua caliente, tendrá que exprimir el incienso rápidamente antes de que se enfríe demasiado. Cuando se enfría se torna mucho más duro y difícil de exprimir.

Arme el exprimidor de acuerdo a las instrucciones (adicionando una punta ahusada si es posible). Forme con la masa un cilindro suficientemente delgado para ser introducido en el exprimidor y llene éste hasta la mitad. Si tiene problemas para aplicar la presión necesaria para exprimir el incienso, reduzca la cantidad de masa. Una jeringa de arcilla llenada sólo $1/4$ debe ser fácil de exprimir por cualquiera. Introduzca el émbolo y exprima sus palitos directamente sobre la tabla de secado. Puede cortarlos mientras están húmedos o esperar hasta que el incienso se seque. También puede exprimir incienso en rollos. Esta es una gran forma de hacer un palito largo porque ocupa mucho menos espacio. Los rollos también son menos afectados por los problemas de deformación.

Limpie siempre el exprimidor cuando termine de usarlo. La masa de incienso se quita con facilidad lavando el aparato. Limpie todas las partes y séquelo desarmado. Si lo deja secar con masa dentro de él, podría terminar con algunos problemas de moho, o peor aun, es probable que la jeringa quede pegada. Si esto sucede, deje el exprimidor en agua caliente durante media hora, y así podrá desarmarlo y limpiarlo en forma apropiada.

Secado del incienso

Esta es la parte más importante y difícil del proceso de fabricación de incienso. Cuando éste es secado muy rápido puede torcerse, agrietarse o no quemarse. Si se seca muy lentamente tiende a enmohecerse. Secar el incienso es crítico para su éxito y es un equilibrio de tres factores clave: temperatura, humedad y tiempo.

Temperatura

Tal vez se sienta tentado a poner el incienso húmedo en un cuarto caliente, bajo la luz solar directa o incluso en un horno para secarlo. Este es un gran error cometido frecuentemente por fabricantes principiantes. La etapa de secado no puede ser acelerada. Uno de los libros de incienso populares en el mercado recomienda secarlo en un carro cerrado. Esto puede secarlo más rápido pero el resultado será inferior y es probable que no se queme.

Uno de los efectos comunes de secar el incienso muy rápido es el agrietamiento. Cuando un cono se agrieta tiende a no quemarse. Al ser prendido emana humo a través de la grieta. Una vez que la superficie prendida llega al punto más ancho de la grieta, usualmente el cono se apaga. Puede haber otras causas para el agrietamiento (muy poco uso de aglomerante; vea el capítulo 9), pero el secado rápido es una de ellas. El incienso agrietado no se quema apropiadamente.

El secado demasiado rápido también puede causar graves deformaciones en el incienso. Todo incienso encoge al secarse y esto puede conducir a deformaciones, pero el secado rápido exagera el problema. El secado lento ayuda a minimizar las deformaciones.

Si ha puesto aceites en el incienso, secar a una alta temperatura o baja humedad puede hacer que los aceites se evaporen del incienso. Eso no sólo es una pérdida de sustancias, también impedirá lograr el efecto deseado con el aceite. Si ha usado un líquido especial en lugar de agua en las recetas, sus beneficios también pueden evaporarse del incienso en un ambiente caliente.

Es improbable que su área de secado sea demasiado fría. Alrededor de cincuenta grados Fahrenheit es una excelente temperatura. También puede secar el incienso a menos grados, pero no por debajo del punto de congelación. Nunca seque el incienso bajo la luz solar directa. Eso cambiará las propiedades químicas del incienso y podría afectar el aroma radicalmente.

Humedad

De nuevo, podría sentirse tentado a secar el incienso con la menor humedad posible. Una humedad demasiado baja puede hacer que el incienso se seque muy rápidamente, como pasaría con una alta temperatura. También es probable que haya pérdida de aceites, agrietamiento y los otros problemas ya mencionados.

Aunque la humedad sólo es un problema grave en extremos (muy baja o muy alta), el 50-60% es ideal. No se preocupe demasiado si la humedad no está en ese rango, pero evite los extremos.

Tiempo

Este es el factor más importante del proceso de secado. Sé que usted desea secar el incienso lo más rápido posible para probar los frutos de su trabajo. No ceda a esa tentación. Deje que el incienso se seque lentamente y sea paciente. Déle a los espaguetis un mínimo de dos días para secarse (o incluso más, si puede). Los conos requieren un mínimo de tres días, y una semana sería ideal. Tendrá que revisar cuidadosamente la temperatura y la humedad si quiere secar el incienso con esa lentitud.

Su paciencia será recompensada. Si trata de quemar el incienso antes de que se seque por completo, se apagará poco después de prenderlo. Una vez que lo prenda, tal vez nunca pueda secarlo apropiadamente y todo el trabajo se habrá perdido. Si trata de quemar un palito y se apaga, es probable que no haya terminado de secarse. Déle al resto del material otras veinticuatro horas de secado antes de probar de nuevo el incienso.

Preparar el área de secado puede ser un poco difícil, pero no se preocupe demasiado por los detalles. La mayoría de incienso se secará bien sobre una mesa o los estantes de la cocina (manténgalo lejos de fregaderos y fuentes de calor). Un escaparate limpio a menudo funciona bien. La humedad y la temperatura son relativamente fáciles de controlar, y la paciencia es una cualidad que desarrollará fabricando incienso si aún no la posee.

Su primera producción de incienso

Hasta este momento usted ha estudiado con esfuerzo y es tiempo de que se vean los resultados. ¿Tiene preparada su área para la fabricación de incienso? ¿Ha reunido los ingredientes y herramientas, además de desconectar el teléfono? ¡Muy bien, ahora a ponerse los guantes y hacer incienso!

La siguiente es la receta más simple que podría hacer y da maravillosos resultados. Mezcle 7½ cucharaditas de sándalo en polvo (u otro polvo de madera fragante) con ¼ de cucharadita de goma guar o tragacanto, o 1 cucharadita de makko. La cantidad total de agua requerida para esta receta es 4¼ cucharaditas, así que adicione sólo ¾ de esa cantidad a la mezcla seca, y agregue el resto del agua de a ⅛ de cucharadita a la vez hasta que la masa tenga la consistencia apropiada.

Cuando pueda hacer una bola con la masa sin grietas evidentes, trabaje con ella. No necesita un molde o exprimidor; si quiere forme los palitos y conos con las manos. De todos modos eso es lo más divertido. Una vez que pruebe esta receta sencilla pero maravillosa, apuesto que tendrá muchas ganas de trabajar con recetas más complicadas. En muy poco tiempo tendrá la casa con mejor olor de la manzana y montones de obsequios hechos a mano para sus parientes y amigos.

CAPÍTULO SIETE

RECETAS

TODAS EXCEPTO LA primera sección de recetas en este libro han sido divididas con base en el aglomerante usado. La primera sección es de incienso simple utilizando sólo un aromático. La segunda sección son recetas complejas que emplean gomas aglomerantes (goma guar o tragacanto). La tercera sección son recetas complejas que usan makko como aglomerante. La sección final contiene recetas para hacer incienso húmedo.

Cómo usar las recetas

Las recetas están presentadas en un formato fácil de usar. Cada receta es dada de tres formas diferentes. La primera es por volumen. Para emplear esa columna necesitará un juego de cucharas de medición. Aquí encontrará cuántas cucharaditas o cucharadas requiere cada ingrediente. En mi caso, este es mi método preferido. La segunda forma es por peso. Para utilizar esa columna necesitará una balanza que pueda medir medios gramos. Simplemente pese la cantidad apropiada de cada ingrediente.

El método final es por proporción. Muchos fabricantes prefieren escribir sus recetas en términos de una proporción. Esta versión de la receta es dada en "partes". Para usarla puede escoger cualquier medida como "parte". La receta de pimienta inglesa aparece con la siguiente proporción: 2 partes de sándalo rojo, 1 parte de goma en polvo, 15 partes de agua y 20 partes de polvo de pimienta inglesa. Si tiene una cucharita, por ejemplo, podría usar la cucharadita como "parte". De este modo, usando la cucharita la receta sería 2 cucharaditas de sándalo rojo, 1 cucharadita de goma en polvo, 15 cucharaditas de agua y 20 cucharaditas de pimienta inglesa (lo anterior es para propósitos de ilustración solamente). Si usara un dedal como "parte", la receta sería: 2 dedales de sándalo rojo, 1 dedal de goma en polvo, 15 dedales de agua y 20 dedales de pimienta inglesa. Esto es útil para personas que viven en lugares que no usan ninguno de los otros dos sistemas de medición. También es útil para producir cantidades muy pequeñas o muy grandes. Puede usar una medida diminuta como "parte" ($1/10$ de grano, por ejemplo) o algo muy grande (tal como un galón).

Cualquier método le dará buenos resultados. Si emplea la proporción para una producción grande de incienso, podría reducir un poco el aglomerante. Nunca debe usar más aglomerante que el requerido. Podría observar que las diferentes versiones de las recetas (volumen, peso y proporción) tal vez no dan el resultado exacto. La receta para las "cuatro direcciones", por ejemplo, puede producir resultados algo distintos cuando es hecha usando la versión de volumen en comparación con la versión de peso.

Una nota sobre el uso de cucharas medidoras

Si usa cucharas medidoras, es importante que sepa cómo emplearlas correctamente. Escoja la cuchara del tamaño apropiado (cuchara grande = Cda; cuchara de té = cta) y úsela para sacar el ingrediente en polvo. La cuchara debe quedar rebosada. Luego necesita utilizar algo con un borde recto (una vara mezcladora, regla, tarjeta comercial, etc.) para raspar el exceso de material de la cuchara. Ponga el borde sobre la cuchara y arrástrela quitando el material en exceso hasta dejarlo al mismo nivel de la cuchara. Esto asegurará que mida la misma cantidad todas las veces. Si no llena la cuchara por completo, no tendrá suficiente material. Si la llena por encima de su borde, entonces tendrá demasiado material. Raspando el polvo hasta el nivel de la cuchara obtendrá siempre la misma cantidad (esto es llamado "cuchara rasa").

Estas recetas son sólo una guía. Siéntase libre de modificarlas para que se ajusten a sus necesidades o los ingredientes que tiene disponibles. Pero tenga en cuenta que al cambiar los ingredientes es probable que algunas recetas no funcionen. Vea en el capítulo 8 detalles sobre modificación de recetas y experimentación. También podría encontrar que necesita modificar un poco las cantidades en las recetas para que se ajusten mejor a sus propios ingredientes. La cantidad de humedad en los ingredientes pulverizados puede afectar el peso y el volumen del polvo, así que asegúrese de mantenerlos lo más secos posible.

Si lo desea, puede sustituir la goma arábiga por goma guar o tragacanto, pero debe al menos triplicar la cantidad requerida en la receta. La goma arábiga es débil, pero bastante pegajosa. También puede usar otro polvo de madera como base. He incluido cedro rojo y pino como bases en algunas de las recetas, los cuales funcionan bien. Pero para lograr los mejores resultados podría reemplazar el pino con sándalo y el cedro rojo con sándalo rojo. El pino y el cedro rojo son aceptables para fabricantes novatos, pero usualmente el sándalo es la mejor elección.

Todas estas recetas han sido probadas tanto en espaguetis como en conos, y deben dar buenos resultados en ambas formas. Los espaguetis siempre se queman mejor, y espero que usted los elabore más a menudo que los conos. Variaciones en los ingredientes podrían hacer que el incienso sea un poco más difícil de quemar. Si sus conos no arden, pruébelos al revés o haga espaguetis en lugar de ellos. En muchas de las recetas puede reducir (o incluso eliminar) el clavo si hace espaguetis en lugar de conos.

Recetas simples

Las recetas con solo un aromático son muy útiles. Son fáciles de hacer y sustituyen bien las hierbas quemadas solas sobre carbón vegetal. Las recetas simples también son una elección perfecta si planea hacer una "mezcla de aire" (vea detalles en el apéndice D).

Anís estrellado

		VOLUMEN	PESO	PROPORCIÓN
Base	Makko	1 Cda	4.5g	12
Líquido	Agua	2³/₄ cta	13g	19
Aromático	Anís estrellado	³/₄ cta	1g	3

Artemisa

		VOLUMEN	PESO	PROPORCIÓN
Base	Sándalo	2 cta	4g	16
Aglomerante	Goma guar o tragacanto	¹/₈ cta	.5g	1
Líquido	Agua	1 Cda	13.5g	24
Aromático	Artemisa	1 cta	1g	8

Azafrán

		VOLUMEN	PESO	PROPORCIÓN
Base	Sándalo	2 cta	4g	16
Aglomerante	Makko	1 cta	1.5g	8
Líquido	Agua	2 cta	9.5g	16
Aromático	Azafrán	1/8 cta	<.5g	1

Canela (Casia)

		VOLUMEN	PESO	PROPORCIÓN
Base	Sándalo rojo	2 cta	2.5g	8
Aglomerante	Goma guar o tragacanto	1/4 cta	1g	1
Líquido	Agua	4 1/4 cta	18g	17
Aromático	Canela	4 cta	10g	16

Copal

		VOLUMEN	PESO	PROPORCIÓN
Base	Sándalo rojo	10 cta	14.5g	20
Aglomerante	Goma guar o tragacanto	1/2 cta	2g	1
Líquido	Agua	10 cta	44g	20
Aromático	Copal	2 1/2 cta	6g	5

Damiana

		VOLUMEN	PESO	PROPORCIÓN
Base	Sándalo	1/2 cta	1g	2
Aglomerante	Goma guar o tragacanto	1/4 cta	1g	1
Líquido	Agua o té herbal	3 1/4 cta	15g	13
Aromático	Damiana	5 cta	7.5g	20

Espicanardo

		VOLUMEN	PESO	PROPORCIÓN
Base	Sándalo	1 Cda	6g	24
Aglomerante	Goma guar o tragacanto	1/8 cta	.5g	1
Líquido	Agua	1 Cda	13.5g	24
Aromático	Espicanardo	3/4 cta	.5g	6

Galangal

		VOLUMEN	PESO	PROPORCIÓN
Base	Sándalo	2 cta	4g	16
Aglomerante	Goma guar o tragacanto	1/8 cta	.5g	1
Líquido	Agua	2 cta	9.5g	16
Aromático	Galangal	3/4 cta	1.5g	6

Hierba de limón

		VOLUMEN	PESO	PROPORCIÓN
Base	Makko	2 cta	3g	8
Aglomerante	Clavo	1/4 cta	.5g	1
Líquido	Agua	2 1/4 cta	11g	9
Aromático	Hierba de limón	3/4 cta	.5g	3

Laurel

		VOLUMEN	PESO	PROPORCIÓN
Base	Sándalo	1 Cda	6g	12
Aglomerante	Goma guar o tragacanto	1/4 cta	1g	1
Líquido	Agua	4 1/2 cta	19.5g	22
Aromático	Laurel	1 1/4 cta	2.5g	5

Lavanda

		VOLUMEN	PESO	PROPORCIÓN
Base	Cedro rojo	1 Cda	2.5g	12
Aglomerante	Goma guar o tragacanto	¼ cta	1g	1
Líquido	Agua o té herbal	4½ cta	19.5g	18
Aromático	Lavanda	5½ cta	7.5g	22

Lúpulo

		VOLUMEN	PESO	PROPORCIÓN
Base	Sándalo rojo	1 Cda	4g	24
	Clavo	1 cta	2.5g	8
Aglomerante	Goma guar o tragacanto	⅛ cta	.5g	1
Líquido	Agua	2¼ cta	11g	17
Aromático	Lúpulo	½ cta	.5g	4

Mejorana

		VOLUMEN	PESO	PROPORCIÓN
Base	Pino	2 cta	1.5g	16
Aglomerante	Goma guar o tragacanto	⅛ cta	.5g	1
Líquido	Agua	2 cta	9.5g	16
Aromático	Mejorana	1 cta	1.5g	8

Mirra

		VOLUMEN	PESO	PROPORCIÓN
Base	Sándalo rojo	5 cta	7g	20
Aglomerante	Goma guar o tragacanto	¼ cta	1g	1
Líquido	Agua	1 Cda	13.5g	12
Aromático	Mirra	2 cta	4g	8

Olíbano

		VOLUMEN	PESO	PROPORCIÓN
Base	Sándalo	2 Cdas	11.5g	24
Aglomerante	Goma guar o tragacanto	¹/₄ cta	1g	1
Líquido	Agua	1 Cda	13g	12
Aromático	Olíbano	1 cta	2g	4

Pachulí

		VOLUMEN	PESO	PROPORCIÓN
Base	Sándalo	¹/₂ cta	1g	2
Aglomerante	Goma guar o tragacanto	¹/₄ cta	1g	1
Líquido	Agua o té herbal	3 ¹/₂ cta	16g	14
Aromático	Pachulí	5 cta	7.5g	20

Pimienta inglesa

		VOLUMEN	PESO	PROPORCIÓN
Base	Sándalo rojo	¹/₂ cta	.5g	2
Aglomerante	Goma guar o tragacanto	¹/₄ cta	1g	1
Líquido	Agua	3 ³/₄ cta	17.5g	15
Aromático	Pimienta inglesa	5 cta	10g	20

Romero

		VOLUMEN	PESO	PROPORCIÓN
Base	Pino	2 ¹/₂ cta	1.5g	20
Aglomerante	Goma guar o tragacanto	¹/₈ cta	.5g	1
Líquido	Agua	1 Cda	13.5g	24
Aromático	Romero	¹/₂ cta	<.5g	4

Salvia

		VOLUMEN	PESO	PROPORCIÓN
Base	Sándalo	2 ½ cta	5g	10
Aglomerante	Goma guar o tragacanto	¼ cta	1g	1
Líquido	Agua o té herbal	5 cta	20.5g	20
Aromático	Salvia	7 cta	7.5g	28

Sangre de dragón

		VOLUMEN	PESO	PROPORCIÓN
Base	Cedro rojo	2 cta	1.5g	16
	Clavo	½ cta	.5g	4
Aglomerante	Goma guar o tragacanto	⅛ cta	.5g	1
Líquido	Agua	2 ¼ cta	11g	18

Sello dorado

		VOLUMEN	PESO	PROPORCIÓN
Base	Sándalo	2 ¼ cta	4.5g	17
Aglomerante	Goma guar o tragacanto	⅛ cta	.5g	1
Líquido	Agua	2 ¼ cta	11g	17
Aromático	Sello dorado	1 cta	2.5g	8

Valeriana

		VOLUMEN	PESO	PROPORCIÓN
Base	Sándalo	1 Cda	6g	12
Aglomerante	Goma guar o tragacanto	¼ cta	1g	1
Líquido	Agua o vino tinto	4 cta	17g	16
Aromático	Raíz de valeriana	2 cta	7.5g	8

Vetiver (difícil de exprimir; mejor para conos)		VOLUMEN	PESO	PROPORCIÓN
Base	Sándalo	1 Cda	6g	24
Aglomerante	Goma guar o tragacanto	1/8 cta	.5g	1
Líquido	Agua	4 cta	17g	32
Aromático	Vetiver	3/4 cta	2.5g	6

Yohimbe		VOLUMEN	PESO	PROPORCIÓN
Base	Sándalo rojo	1 Cda	4g	24
	Clavo	1 cta	2.5g	8
Aglomerante	Goma guar o tragacanto	1/8 cta	.5g	1
Líquido	Agua	2 3/4 cta	13g	22
Aromático	Yohimbe	1/2 cta	.5g	4

Recetas complejas con goma

Si desea usar makko en lugar de una goma aglomerante para estas recetas, sustituya el makko por el material base y el aglomerante. La mayoría de las recetas darán buenos resultados usando ese método.

Agua		VOLUMEN	PESO	PROPORCIÓN
Base	Sándalo	2 cta	4g	16
	Clavo	1/2 cta	1.5g	4
Aglomerante	Goma guar o tragacanto	1/8 cta	.5g	1
Líquido	Agua	1 Cda	13.5g	24
Aromático	Cálamo	1/2 cta	1g	4
	Mirra	1/2 cta	1g	4
	Corteza de sauce blanco	1/4 cta	.5g	2

Agua de fuego

		VOLUMEN	PESO	PROPORCIÓN
Base	Sándalo	2 ½ cta	5g	20
	Clavo	¼ cta	.5g	2
Aglomerante	Goma guar o tragacanto	⅛ cta	.5g	1
Líquido	Agua	1 Cda	13.5g	24
Aromático	Eucalipto	¼ cta	.5g	2
	Hierba gatera	½ cta	1g	4
	Sangre de dragón	¼ cta	.5g	2
	Poleo	½ cta	.5g	4

Aire

		VOLUMEN	PESO	PROPORCIÓN
Base	Pino	2 ½ cta	1.5g	20
	Clavo	1 cta	2.5g	8
Aglomerante	Goma guar o tragacanto	⅛ cta	.5g	1
Líquido	Agua	2 cta	9.5g	16
Aromático	Benjuí	½ cta	2g	4
	Musgo de roble	½ cta	.5g	4
	Salvia	1 cta	1g	8

Altares de fuego

		VOLUMEN	PESO	PROPORCIÓN
Base	Cedro rojo	2 cta	1.5g	16
	Clavo	2 cta	5g	16
Aglomerante	Goma guar o tragacanto	⅛ cta	.5g	1
Líquido	Agua	1 Cda	13.5g	24
Aromático	Mirra	½ cta	1g	4
	Olíbano	1 cta	2g	8
	Canela	½ cta	1.5g	4
	Laurel	½ cta	1g	4

Amanecer inca

		VOLUMEN	PESO	PROPORCIÓN
Base	Cedro rojo	2 cta	1.5g	16
	Clavo	¹/₂ cta	1.5g	4
Aglomerante	Goma guar o tragacanto	¹/₈ cta	.5g	1
Líquido	Agua	2 cta	9.5g	16
Aromático	Copal negro	¹/₄ cta	.5g	2
	Palo santo	¹/₄ cta	<.5g	2
	Piel de sarapia	¹/₈ cta	<.5g	1
	Copal blanco	¹/₄ cta	.5g	2

Amor eterno

		VOLUMEN	PESO	PROPORCIÓN
Base	Sándalo	1 Cda	6g	24
Aglomerante	Goma guar o tragacanto	¹/₈ cta	.5g	1
Líquido	Agua	1 Cda	13.5g	24
Aromático	Espicanardo	¹/₂ cta	.5g	4
	Mirto	¹/₂ cta	1g	4
	Yohimbe	¹/₄ cta	<.5g	2

Bendiciones comerciales

		VOLUMEN	PESO	PROPORCIÓN
Base	Sándalo	2¹/₂ cta	5g	20
Aglomerante	Goma guar o tragacanto	¹/₈ cta	.5g	1
Líquido	Agua	4 cta	17g	32
Aromático	Laurel	¹/₂ cta	1g	4
	Benjuí	¹/₄ cta	1g	2
	Canela	¹/₂ cta	1.5g	4
	Sello dorado	¹/₄ cta	.5g	2
	Musgo de Irlanda	¹/₄ cta	.5g	2

Cuatro direcciones (en el Altar)		VOLUMEN	PESO	PROPORCIÓN
Base	Sándalo rojo	2 Cda	7.5g	24
	Clavo	1/2 cta	1.5g	2
Aglomerante	Goma guar o tragacanto	1/4 cta	1g	1
Líquido	Agua	3 1/2 cta	16g	10
Aromático	Mirra	1/2 cta	1g	2
	Pachulí	1 cta	1.5g	4
	Copal	1 cta	2.5g	4

Dame fuerza		VOLUMEN	PESO	PROPORCIÓN
Base	Sándalo	2 cta	4g	16
	Clavo	1/2 cta	1.5g	8
Aglomerante	Goma guar o tragacanto	1/8 cta	.5g	1
Líquido	Agua	2 cta	9.5g	16
Aromático	Artemisa	1/2 cta	.5g	4
	Poleo	1/4 cta	.5g	2
	Azafrán	1/8 cta	<.5g	1
	Dragoncillo	1/8 cta	<.5g	1

Enebro		VOLUMEN	PESO	PROPORCIÓN
Base	Sándalo	2 cta	4g	16
Aglomerante	Goma guar o tragacanto	1/8 cta	.5g	1
Líquido	Agua	2 1/2 cta	12.5g	20
Aromático	Puntas de enebro	1 cta	1g	8
	Enebrina	1 cta	1.5g	8

Fuegos del día

Base		VOLUMEN	PESO	PROPORCIÓN
Base	Sándalo rojo	2 cta	2.5g	16
	Clavo	1/2 cta	1.5g	4
Aglomerante	Goma guar o tragacanto	1/8 cta	.5g	1
Líquido	Agua	2 3/4 cta	13g	22
Aromático	Copal	1/4 cta	.5g	2
	Olíbano	1/4 cta	.5g	2
	Pimienta inglesa	1/2 cta	1g	4
	Galangal	1/4 cta	.5g	2

Fuegos de la noche

		VOLUMEN	PESO	PROPORCIÓN
Base	Sándalo rojo	1 Cda	4g	24
	Clavo	1/4 cta	.5g	2
Aglomerante	Goma guar o tragacanto	1/8 cta	.5g	1
Líquido	Agua	3 1/4 cta	15g	26
Aromático	Canela (casia)	1/2 cta	1.5g	4
	Sangre de dragón	1/2 cta	1g	4
	Olíbano	1/2 cta	1g	4

Gatos felices

		VOLUMEN	PESO	PROPORCIÓN
Base	Sándalo	2 cta	4g	16
Aglomerante	Goma guar o tragacanto	1/8 cta	.5g	1
Líquido	Agua	1 Cda	13.5g	24
Aromático	Hierba gatera	1/2 cta	1g	4
	Palo santo	1 cta	1g	8

Guarida del dragón

		Volumen	Peso	Proporción
Base	Sándalo rojo	2 Cdas	7.5g	24
	Clavo	1 cta	2.5g	4
Aglomerante	Goma guar o tragacanto	¼ cta	1g	1
Líquido	Agua o vino tinto	7 cta	30.5g	28
Aromático	Sangre de dragón	¾ cta	1.5g	3
	Dragoncillo	¼ cta	.5g	1
	Olíbano	1 cta	2g	4
	Benjuí	½ cta	2g	2
	Cúrcuma	½ cta	1g	2
	Canela	½ cta	1.5g	2

Matrimonio pagano

		Volumen	Peso	Proporción
Base	Sándalo rojo	4 cta	5.5g	16
	Benjuí	½ cta	2g	2
Aglomerante	Goma guar o tragacanto	¼ cta	1g	1
Líquido	Vino blanco	5 cta	20.5g	20
Aromático	Hoja de laurel	½ cta	1g	2
	Canela	½ cta	1.5g	2
	Pachulí	½ cta	1g	2
	Raíz de Yohimbe	½ cta	.5g	2

Mundo pequeño

		Volumen	Peso	Proporción
Base	Sándalo	2 Cdas	7.5g	24
Aglomerante	Goma guar o tragacanto	¼ cta	1g	1
Líquido	Agua o vino	4 cta	17g	16
Aromático	Camomila	1 cta	1g	4
	Hierba de limón	1 cta	1.5g	4
	Palo santo	1 cta	1g	4

Niebla

		VOLUMEN	PESO	PROPORCIÓN
Base	Sándalo	1 cta	2g	8
	Sándalo rojo	1 cta	1.5g	8
	Clavo	½ cta	1.5g	4
Aglomerante	Goma guar o tragacanto	⅛ cta	.5g	1
Líquido	Agua	1 Cda	13.5g	24
Aromático	Sauce blanco	½ cta	1g	4
	Marrubio	½ cta	.5g	4
	Olíbano	½ cta	1g	4

Occidental

		VOLUMEN	PESO	PROPORCIÓN
Base	Cedro rojo	2 Cdas	7.5g	24
Aglomerante	Goma guar o tragacanto	¼ cta	1g	1
Líquido	Agua	7 cta	30.5g	28
Aromático	Pimienta inglesa	½ cta	1g	2
	Copal	½ cta	1.5g	2
	Romero	½ cta	.5g	2
	Asperilla	½ cta	.5g	2

Para quien amo

		VOLUMEN	PESO	PROPORCIÓN
Base	Sándalo rojo	1 Cda	4g	24
	Clavo	½ cta	1.5g	4
Aglomerante	Goma guar o tragacanto	⅛ cta	.5g	1
Líquido	Agua	3¼ cta	15g	26
Aromático	Cardamomo	¼ cta	.5g	2
	Lavanda	¾ cta	.5g	6
	Mejorana	½ cta	.5g	4
	Mirto	½ cta	1g	4

Renacimiento

Renacimiento		VOLUMEN	PESO	PROPORCIÓN
Base	Pino	2 cta	1.5g	16
	Clavo	1 cta	2.5g	8
Aglomerante	Goma guar o tragacanto	1/8 cta	.5g	1
Líquido	Agua	2 1/2 cta	12.5g	20
Aromático	Perejil	1/8 cta	<.5g	1
	Salvia	1 cta	1g	8
	Romero	1/4 cta	<.5g	2
	Tomillo	1/2 cta	.5g	4

Ritos de fertilidad

Ritos de fertilidad		VOLUMEN	PESO	PROPORCIÓN
Base	Sándalo	2 cta	4g	16
Aglomerante	Goma guar o tragacanto	1/8 cta	.5g	1
Líquido	Agua	2 1/2 cta	12.5g	20
Aromático	Mirto	1/2 cta	1g	4
	Pachulí	1/4 cta	.5g	2
	Espicanardo	1/2 cta	.5g	4

Santificación

Santificación		VOLUMEN	PESO	PROPORCIÓN
Base	Cedro rojo	1 Cda	2.5g	24
	Clavo	1/2 cta	1.5g	4
Aglomerante	Goma guar o tragacanto	1/8 cta	.5g	1
Líquido	Agua	2 3/4 cta	13g	22
Aromático	Valeriana	1/8 cta	<.5g	1
	Anís estrellado	1 cta	1.5g	8
	Romero	1/2 cta	.5g	4
	Jengibre	1/4 cta	.5g	2
	Eucalipto	1/2 cta	1g	4

Suerte

		VOLUMEN	PESO	PROPORCIÓN
Base	Pino	1 Cda	2g	24
	Clavo	1 cta	2.5g	8
Aglomerante	Goma guar o tragacanto	1/8 cta	.5g	1
Líquido	Agua	2 1/2 cta	12.5g	20
Aromático	Cálamo	1/4 cta	.5g	2
	Anís estrellado	1/2 cta	.5g	4
	Musgo de roble	1/4 cta	<.5g	2

Viaje americano

		VOLUMEN	PESO	PROPORCIÓN
Base	Pino	2 cta	1.5g	16
	Clavo	1 cta	2.5g	8
Aglomerante	Goma guar o tragacanto	1/8 cta	.5g	1
Líquido	Agua	2 1/2 cta	12.5g	20
Aromático	Cedro (puntas)	1/4 cta	.5g	2
	Uña de caballo	1/2 cta	.5g	4
	Salvia	1/2 cta	.5g	4

Visiones de amor

		VOLUMEN	PESO	PROPORCIÓN
Base	Sándalo	2 cta	4g	16
	Clavo	1/2 cta	1.5g	4
Aglomerante	Goma guar o tragacanto	1/8 cta	.5g	1
Líquido	Agua	2 3/4 cta	13g	22
Aromático	Camomila	1/4 cta	.5g	2
	Uña de caballo	1/2 cta	<.5g	2
	Damiana	1 cta	1.5g	8
	Hibisco	1/4 cta	.5g	2
	Yohimbe	1/4 cta	<.5g	2

Recetas complejas con makko

Si desea usar goma guar o tragacanto en lugar de makko en estas recetas, el siguiente es un buen consejo. Utilice ¹/₈ de cucharadita de goma aglomerante, luego adicione sándalo en lugar de makko. Recuerde restar ¹/₈ cucharadita de la cantidad total de makko. Eso es apropiado para muchas de estas recetas.

Limpieza

		VOLUMEN	PESO	PROPORCIÓN
Base	Makko	2 cta	3g	8
Líquido	Agua	2¹/₄ cta	11g	9
Aromático	Laurel	1 cta	2g	4
	Benjuí	¹/₂ cta	2g	2
	Olíbano	¹/₂ cta	1g	2

Luto

		VOLUMEN	PESO	PROPORCIÓN
Base	Sándalo	1 Cda	6g	12
Aglomerante	Makko	1 cta	1.5g	4
	Clavo	¹/₂ cta	1.5g	2
Líquido	Agua	1 Cda	13.5g	12
Aromático	Hierba de limón	¹/₄ cta	.5g	1
	Lavanda	¹/₄ cta	<.5g	1
	Mirra	¹/₄ cta	.5g	1
	Palo santo	¹/₄ cta	<.5g	1

Japón

Japón		VOLUMEN	PESO	PROPORCIÓN
Base	Sándalo	2 cta	4g	8
	Clavo	1 cta	2.5g	4
Aglomerante	Makko	2 cta	3g	8
Líquido	Agua	4¼ cta	18g	17
Aromático	Canela	½ cta	1.5g	2
	Anís estrellado	½ cta	.5g	2

Tierra

Tierra		VOLUMEN	PESO	PROPORCIÓN
Base	Makko	2 cta	3g	8
	Clavo	¼ cta	.5g	1
Líquido	Agua	1 Cda	13.5g	12
Aromático	Pachulí	1 cta	1.5g	4
	Lechuga silvestre	½ cta	.5g	2
	Yohimbe	½ cta	.5g	2

Recetas para incienso húmedo

Así como debemos adicionar la cantidad mínima de agua en un incienso de autoencendido, para el incienso húmedo (que debe ser quemado sobre carbón) es necesario agregar la menor cantidad posible de aglomerante. Las siguientes recetas emplean miel como aglomerante, así que adiciónela lo menos que pueda. La cantidad de miel en la receta es sólo una pauta aproximada, por eso debe usar su juicio mientras la agrega a la mezcla. Adicione suficiente para formar una bola de incienso consistente, pero ni una gota más. Después de agregar el aglomerante, amase bien el incienso.

La mayoría de las recetas incluyen carbón en polvo. Asegúrese de utilizar carbón de alta calidad y no el de autoencendido. Incluso si quema el incienso húmedo en este tipo de carbón, debe emplear sólo el de alta calidad. El carbón de autoencendido incluido en su receta hará que el incienso huela mal y se queme con mucha intensidad y rapidez.

Una vez que mezcle la miel, puede formar bolitas del tamaño de un guisante con el incienso, o dejar la masa en una sola pieza. Debe guardarlo en un recipiente hermético (tal como un tarro) y dejar que se añeje durante varias semanas. Manténgalo fuera de la luz y lejos del calor excesivo. Cuando se haya añejado, puede prender las bolitas que hizo o simplemente formarlas cuando las necesite.

Amor verdadero

		VOLUMEN	PESO	PROPORCIÓN
Base	Sándalo rojo	2 cta	2.5g	8
	Clavo	1 cta	2.5g	4
	Carbón vegetal	¼ cta	.5g	1
Aglomerante	Miel (la necesaria)	2 cta	13.5g	8
Aromático	Cardamomo	¼ cta	.5g	1
	Romero	¼ cta	.5g	1
	Hibisco	½ cta	1.5g	2
	Valeriana	¼ cta	.5g	1
	Sauce blanco	½ cta	1g	2

Crepúsculo

		VOLUMEN	PESO	PROPORCIÓN
Base	Sándalo	2 cta	4g	8
	Clavo	½ cta	1.5g	2
	Carbón vegetal	½ cta	1g	2
	Benjuí	¼ cta	1g	1
Aglomerante	Miel (la necesaria)	1¾ cta	11.5g	7
Aromático	Laurel	¼ cta	.5g	1
	Cardamomo	¼ cta	.5g	1
	Olíbano	½ cta	1g	2

Despedida de viejos amigos

		VOLUMEN	PESO	PROPORCIÓN
Base	Sándalo	2 cta	4g	8
	Clavo	1 cta	2.5g	4
	Carbón vegetal	1/4 cta	.5g	1
	Benjuí	1/4 cta	1g	1
Aglomerante	Miel (la necesaria)	2 1/4 cta	14.5g	9
Aromático	Hisopo	1/2 cta	.5g	2
	Enebrina	1/4 cta	<.5g	1
	Hierba de limón	1/4 cta	.5g	1
	Mirto	1/2 cta	1g	2

Fuerza

		VOLUMEN	PESO	PROPORCIÓN
Base	Cedro rojo	1 1/2 cta	1g	6
	Carbón vegetal	1/2 cta	1g	2
	Benjuí	1/4 cta	1g	1
Aglomerante	Miel (la necesaria)	1 cta	6g	4
Aromático	Palo santo	1/4 cta	<.5g	1
	Azafrán	Pizca	<.5g	Pizca
	Dragoncillo	1/2 cta	1g	2

Nerikoh 5-4-3-2-1

		VOLUMEN	PESO	PROPORCIÓN
Base	Sándalo	1 1/4 cta	2.5g	5
	Clavo	1 cta	2.5g	4
Aglomerante	Miel (la necesaria)	1 cta	6g	4
Aromático	Canela (casia)	3/4 cta	2g	3
	Anís estrellado	1/2 cta	.5g	2
	Benjuí	1/4 cta	1g	1

Protección

Base		Volumen	Peso	Proporción
Base	Pino	2 cta	1.5g	8
	Clavo	1 cta	2.5g	4
	Benjuí	¼ cta	1g	1
Aglomerante	Miel (la necesaria)	1¼ cta	8g	5
Aromático	Sangre de dragón	¼ cta	.5g	1
	Olíbano	¼ cta	.5g	1
	Marrubio	¼ cta	<.5g	1
	Mejorana	½ cta	.5g	2

Pureza

Base		Volumen	Peso	Proporción
Base	Cedro rojo	2 cta	1.5g	8
	Clavo	¾ cta	2g	3
	Carbón vegetal	½ cta	1g	2
	Benjuí	¼ cta	1g	1
Aglomerante	Miel (la necesaria)	1½ cta	9.5g	6
Aromático	Musgo de roble	½ cta	.5g	2
	Romero	½ cta	.5g	2

Purificando el amor

Base		Volumen	Peso	Proporción
Base	Sándalo	2 cta	4g	8
	Carbón vegetal	¼ cta	.5g	1
	Benjuí	½ cta	2g	2
Aglomerante	Miel (la necesaria)	2¼ cta	14.5g	10
Aromático	Camomila	½ cta	1g	2
	Copal	¼ cta	.5g	1
	Lavanda	½ cta	.5g	2

Victoria

		VOLUMEN	PESO	PROPORCIÓN
Base	Sándalo	2¼ cta	4.5g	9
	Clavo	½ cta	1.5g	2
	Carbón vegetal	½ cta	1g	2
	Benjuí	¼ cta	1g	1
Aglomerante	Miel (la necesaria)	2½ cta	16g	10
Aromático	Musgo de roble	½ cta	.5g	2
	Dragoncillo	¼ cta	.5g	1
	Asperilla	½ cta	.5g	2

93

Capítulo Ocho

Experimentación

Aunque el dogma hace que algunos fabricantes de incienso se opongan a experimentar, éste puede ser el aspecto más agradable del proceso de elaboración de incienso. Crear una nueva combinación de aromáticos no sólo es divertido, sino también sorprendente cuando hacemos algo nuevo que nunca antes ha sido experimentado. Fuera de eso, experimentar es la única forma de incorporar un nuevo ingrediente al incienso. Nunca encontrará libros o recetas de inciensos que listan cada ingrediente o combinación concebible, por eso experimentar es la única manera de usar materiales disponibles. Creo que esto es en realidad la esencia del arte de fabricar inciensos.

Hasta cierto punto, toda elaboración de incienso basado en recetas involucra sustitución y experimentación. Aunque usted podría seguir mi receta exactamente, a menos que tenga todos los ingredientes que yo usé, su incienso olerá un poco diferente al mío. El propósito de una receta no es duplicar la fragancia exacta del incienso de alguien. Las recetas son una forma de sugerir combinaciones que deberían dar buenos resultados sin reparar en diferencias de olor. Incluso usar dos especies de plantas idénticas puede originar resultados distintos si fueron cultivadas en diferentes lugares.

Sustituciones

También encontrará recetas que quiere ensayar pero carece de un ingrediente. Ese es un problema para fabricantes novatos que no han acumulado en la alacena una amplia variedad de ingredientes. A menudo podrá hallar un sustituto razonable entre los productos que tiene disponibles. Hay unos aspectos simples que se deben tener en cuenta al escoger sustitutos.

Primero, siempre reemplace un ingrediente con otro del mismo tipo. Si necesita sustituir una resina, use otra resina. Reemplace una clase de madera con una madera diferente. Utilice una flor para sustituir otra. Esto ayudará a conservar las mismas características del incienso al quemarse. Segundo, en lo posible busque aromas similares. El copal huele parecido al olíbano. El musgo de roble y el musgo de Irlanda son semejantes. Lo maravilloso de los aromáticos es que todos son únicos, pero hace que las sustituciones sean muy difíciles (si desea imitar la fragancia exacta de otro incienso elaborado) y muy fáciles (debido a que diferentes elaboraciones del mismo ingrediente varían, toda fabricación de incienso es en cierto sentido una sustitución). Finalmente, al hacer incienso mágico debe usar sustitutos con propiedades mágicas similares. Tenga en cuenta el signo elemental del sustituto. Por ejemplo, tal vez no deba reemplazar un aromático bajo el signo agua con uno bajo el signo fuego.

Nuevas mezclas

La creación de nuevas mezclas es el aspecto más gratificante de la fabricación de incienso. Es emocionante mezclar una nueva combinación de aromáticos y bases, pero al igual que todo el proceso de fabricación, requiere paciencia. La prueba es un paso inicial importante.

Pruebas

Producir cierta cantidad de incienso involucra el uso de materiales que tal vez no tiene en abundancia. Además, elaborar el incienso toma tiempo, no tanto en la mezcla, amasado y formación, sino en el período de secado. Podrían pasar cuatro días antes de averiguar que una mezcla nueva no es agradable. Por eso es muy importante hacer pruebas.

Después de decidirse por una nueva mezcla debe confirmar que la fragancia cumple sus expectativas. La única forma práctica de probar la mezcla es quemarla. Por eso todos los fabricantes de incienso deben tener a la mano carbón vegetal de alta calidad. Prenda el carbón y póngalo en un incensario lleno de arena o ceniza cuando esté listo para hacer la prueba. Tenga en cuenta que usar incienso de "autoencendido" causará cierta distorsión en el aroma debido a su contenido de nitro.

Empiece mezclando los ingredientes aromáticos. No mezcle mucho, sólo pequeñas cantidades hasta que tenga el aroma que desea. Riegue un poco de esta mezcla sobre el carbón ardiente. Si el olor no es el deseado, puede modificarlo fácilmente en esta etapa. Tal vez deba repetir este procedimiento muchas veces para descubrir el aroma o efecto exacto que busca. Si tiene en mente una fragancia específica, podría tomarle semanas o meses hallar los ingredientes apropiados.

Cuando haya encontrado la mezcla correcta de aromáticos, es tiempo de adicionar material base. La experiencia le enseñará qué tanto agregar a medida que hace más y más incienso, pero para la experimentación inicial le sugiero que adicione una parte de aromático por cuatro partes de material base. Primero pruebe la mezcla en el carbón. Si encuentra que el olor está demasiado "opacado" o alterado por la base, reduzca gradualmente la proporción de material base hasta que encuentre un aroma que le agrade. Cuando esté satisfecho con el olor, puede adicionar aglomerante a la mezcla y está listo para amasar y darle forma al incienso. Tenga cuidado de no agregar más aglomerante que el necesario. Comience con una fracción minúscula y adicione más si encuentra que el incienso no coge consistencia. Una vez que haya elaborado y secado la cantidad planeada, puede probar las propiedades de encendido del incienso. Si descubre que arde y luego se apaga, podría aumentar la cantidad de material base o agregar polvo de clavo a la mezcla. También debe consultar la tabla de solución de problemas del capítulo 9.

Podría experimentar modificando una receta existente. La forma más fácil de hacerlo es sustituyendo un ingrediente diferente por uno de la receta. Si desea experimentar con nuevas mezclas, entonces debe dejar a un lado la guía que presenté anteriormente. En lugar de tratar de imitar un ingrediente que no tiene disponible, reemplácelo con uno que sea radicalmente distinto. Si la receta requiere pachulí, ensaye el azafrán; si requiere copal, pruebe el orégano.

Paciencia

Como pasa con la mayoría de aspectos en la fabricación de incienso, crear nuevas mezclas que den resultado y el efecto deseado requiere paciencia. Tal vez deba probar muchas recetas para descubrir la adecuada. Es probable que deba buscar un nuevo ingrediente para lograr el aroma exacto que quiere. Esto es parte de la diversión que se tiene al experimentar. Podría tomarle años perfeccionar una receta favorita, pero el proceso brinda la mitad de la alegría del proyecto. Puede ser necesaria mucha experimentación para crear una mezcla que se queme bien como palito o cono y produzca la fragancia apropiada. Recuerde que algunas recetas secretas fueron desarrolladas en cientos de años —no se desanime si sus primeros experimentos no son perfectos—.

Añejamiento

Un factor final a tener en cuenta es el añejamiento. Logrará los mejores resultados de cualquier incienso que haga dejando que los ingredientes en polvo (además de las gomas aglomerantes) se añejen antes de terminar de fabricarlo e incluso probarlo. A menos que amase y le dé forma al incienso para usarlo en seguida, se añejará en su estante mientras espera ser utilizado, así que es bueno probar una mezcla que lleva tiempo guardada. Incluso añejar una o dos semanas crea una mezcla de aromas mucho más completa que el polvo mezclado y quemado inmediatamente. Para obtener los mejores resultados debe añejar todas sus mezclas en polvo durante tres meses antes de ser usadas, aunque yo sólo hago esto para mezclas muy especiales.

La importancia de tomar nota

Es necesario recalcar la importancia de tomar buenas notas al experimentar con incienso. No puedo recordar el número de mezclas de incienso que he creado, modificado y perfeccionado, sin mencionar cómo las hice. No confíe en su memoria para registrar sus experiencias. Ponga todo por escrito y conserve los detalles de cada incienso modificado que haga. Es triste quemar el último palito de una mezcla perfecta y no poder crear la fragancia de nuevo.

Adaptar otras recetas

Tal vez usted tiene otros libros de incienso con recetas que quiere ensayar. Desafortunadamente la mayoría de estos libros tratan sólo el incienso suelto, pero puede adaptar estas recetas para uso en incienso de autoencendido. Tenga en cuenta que, a diferencia del incienso suelto, el incienso en palitos y conos debe ser completamente pulverizado. Pulverice todos los ingredientes de la receta de incienso suelto y cribe esto con cuidado. Luego debe adicionar un material base. La cantidad que necesita depende de las propiedades de encendido de los aromáticos de las recetas. Si va a usar ingredientes de aroma débil que se queman bien (la lavanda es un buen ejemplo), no necesitará agregar mucho material base. Por otra parte, si utiliza aromáticos que son difíciles de quemar o tiene un olor muy fuerte (la mirra califica en ambas categorías), deberá emplear mucho más material base.

Si está inseguro de cuánto material base necesita para empezar, sugiero una proporción de una parte de mezcla aromática por cuatro partes de material base. También debe considerar la base que planea usar. La consideración principal es determinar cuáles materiales tiene disponibles. Si sólo posee un material base en su alacena, entonces deberá emplearlo. Si tiene más de una base disponible, abra sus recipientes y huela las diversas bases con que cuenta. ¿Una parece más complementaria que las otras? En tal caso, úsela. Si el aroma no le indica cuál utilizar, podría tener en cuenta el color. La apariencia del incienso también es parte de su encanto. Si va a hacer una mezcla con mucha canela, puede utilizar cedro rojo o sándalo rojo como base, pues los colores son complementarios. Si usa aromáticos que son difíciles de quemar o de los cuales está inseguro, debe adicionar una pequeña cantidad de clavo como base. Si después descubre que la mezcla se quema bien o muy rápido, reduzca la cantidad de clavo en fabricaciones futuras.

También podría encontrar recetas en algunos libros que requieren el uso de nitro. Desde luego que debe ignorar esa idea. En lugar de eso, aumente la cantidad de material base o de clavo en la base. Las dos opciones mejorarán las propiedades de encendido de su incienso, aunque también pueden afectar el aroma ligeramente.

Experimentar con incienso es divertido y gratificante, aunque en ocasiones puede probar su paciencia. Ya sea que simplemente esté buscando sustituciones para ingredientes que no puede encontrar, o tratando de crear algo totalmente nuevo, la experimentación requiere llevar una buena cantidad de notas. No arruine todo su trabajo al no registrar cómo lo hizo. Si eso le llega a suceder, disfrute el incienso mientras lo tenga y recuérdelo cuando se acabe. Pruebe las mezclas y saque tiempo para perfeccionar sus recetas. Será recompensado con un incienso sin igual.

CAPÍTULO NUEVE

SOLUCIÓN DE PROBLEMAS

TARDE O TEMPRANO, todos los fabricantes de incienso crean un producto que no se quema bien (o tal vez no arde en lo absoluto). Use la siguiente tabla como guía de ayuda para solucionar los problemas que surjan. Desde luego es imposible dar la solución a cada problema ya que sus ingredientes serán una combinación única de materiales. Sin embargo, esta tabla le dará sugerencias valiosas para corregir el problema.

Para usar la tabla, lea la primera columna hasta que encuentre el problema más parecido al suyo. Cuando localice el problema, pase a la segunda columna de la tabla. Si hay una pregunta en ella, léala y luego vea la respuesta en la tercera columna. Si no hay pregunta en la segunda columna, pase a la tercera. En ésta aparece una solución diferente para cada caso. Algunas soluciones sólo ofrecen una sugerencia, otras presentan varias.

Si todo esto falla, siempre podrá pulverizar de nuevo el incienso, adicionarle material base, amasarlo y darle forma. Si no quiere pasar por este trabajo, y tiene incienso que no se quema, préndalo sobre carbón vegetal o tírelo en la hoguera de su siguiente viaje a acampar.

Problema	Pregunta	Posibles soluciones
La mezcla seca tiene terrones en el polvo		Rompa los terrones con su vara mezcladora y revuelva más.
La mezcla seca tiene terrones duros que no se desmoronan		Debe cribar de nuevo los ingredientes. En la mezcla hay demasiadas partículas grandes.
La masa no coge consistencia	¿Está húmeda?	**No**—Adicione ¼ cta de agua y mezcle otra vez.
		Si—Rocíe una cantidad minúscula de aglomerante y mezcle de nuevo.
Masa tiesa y agrietada		Agregue ¼ cta de agua. Amase más.
		Tal vez ha usado muy poco aglomerante. Adicione una pizca y el agua necesaria.
La masa se afloja y se comba	¿Usó makko como aglomerante?	**No**—Ha adicionado mucho líquido. Puede agregar más material base o dejar en reposo la masa por 15 minutos para que se seque.
		Si—El makko se secará en un tiempo dado, pero para lograr resultados más rápidos adicione ¼ cta de makko y amase de nuevo durante varios minutos. Este paso deberá ser repetido hasta que la masa llegue a la consistencia apropiada.
La masa se pega en las manos y herramientas	¿Usó makko o goma arábiga como aglomerante?	**Si**—Estos aglomerantes tienden a ser pegajosos. Para minimizar el problema, use agua más fría y la menor cantidad de aglomerante posible.
		Refrigere la masa antes de manejarla.
		No—Quizás ha utilizado mucho aglomerante. Agregue más material

102

Problema	Pregunta	Posibles soluciones
		base (y más aromáticos si es necesario) y siga amasando.
La masa es difícil de exprimir	¿Está tapándose el exprimidor?	**Sí**—No tamizó sus ingredientes lo suficiente antes de usarlos. Quite las partículas grandes de la masa. Cribe los ingredientes secos antes de volverlos a utilizar.
	¿Está usando makko como aglomerante?	**Sí**—Tal vez debe adicionar makko para que la masa fluya mejor.
	¿Está usando goma arábiga como aglomerante?	**Sí**—La goma arábiga no funciona bien en un exprimidor. Forme su incienso con las manos.
		No—Agregue $1/4$ cta de agua tibia o caliente y amase antes de seguir exprimiendo.
Es difícil usar la masa en un molde	¿Está usando makko o goma arábiga como aglomerante?	**Sí**—Estos aglomerantes no funcionan bien para moldear. Use agua fría y frote el interior del molde con agua. La suerte también ayudará.
		No—Intente moldear después de frotar minuciosamente con agua el interior del molde.
		Si la masa está caliente, enfríela en la nevera durante 15 minutos y moldee de nuevo.
		La masa puede estar demasiado húmeda. Adicione $1/2$ cta de material base, amase y moldee otra vez.
		Tal vez necesita adicionar más aglomerante a la mezcla. Haga esto con mucho cuidado y agregue menos de $1/8$ cta de aglomerante.

103

Problema	Pregunta	Posibles soluciones
Los conos pierden su forma mientras se secan		Ha usado demasiada agua. Adicione $1/4$ cta de base a la masa, amase y haga el cono de nuevo. También puede dejar que la masa se seque durante 10 minutos antes de darle forma otra vez.
Los conos se caen mientras se secan o después de secarse		Es posible que el cono estuviera colocado en ángulo. Revise cada cono húmedo después de ponerlo en la tabla de secado para asegurar que esté derecho.
Las bases de los conos están abocinadas		Esto sucede al asentar el cono. Corte la base con un cuchillo.
Palitos o rollos se tuercen al secarse	¿Los secó lentamente?	**Si**—Tal vez ha usado demasiado aglomerante. Tenga en cuenta que la mayoría de gomas tienden a deformarse un poco mientras se secan, así que un pequeño torcimiento será inevitable con el aglomerante que está empleando. No voltee ni mueva el palito o rollo hasta que se haya secado por completo. Cambiarlo de posición antes que termine de secarse puede aumentar la deformación. **No**—Siempre seque el incienso lentamente. Acelerar el proceso puede hacer que se deforme.
Los conos de incienso se parten al secarse		Necesita más aglomerante en su receta. Muela los conos y adicione más aglomerante antes de hacerlos de nuevo; o manéjelos con cuidado y quémelos de todos modos.

Problema	Pregunta	Posibles soluciones
Los palitos de incienso se parten muy fácilmente al secarse		Tal vez necesita reducir la cantidad de aromático en la mezcla (o aumentar el material base). Las mezclas con muchas resinas o mucho material vegetal a veces son blandas.
Sale humo de la base o el lado del incienso mientras se quema		El incienso está agrietado. Tal vez puede ver las grietas, quizás no. Si esto ha ocurrido, el incienso podría apagarse mientras arde. La causa más probable de esto es el secado rápido. Seque el incienso lentamente.
		Otra causa probable es demasiada agua en la masa. Hágala con menos agua.
		El agrietamiento puede ocasionarse al emplear muy poco aglomerante. Aumente la cantidad de aglomerante poco a poco.
		Tal vez debe aumentar el material base en su mezcla.
El incienso no prende o se apaga múltiples veces	¿Han pasado más de tres días desde que el incienso fue elaborado?	**No**—Deje que el incienso siga secándose. Sé que es difícil esperar, pero el incienso necesita secarse bien sin ser tocado.
		Tal vez debe reducir la cantidad de material aromático en su receta o aumentar el material base. Pruebe primero las otras sugerencias presentadas en esta tabla, luego reformule el incienso si necesita hacerlo.

Problema	Pregunta	Posibles soluciones
	¿Está seco el incienso?	**No**—Si el incienso es más oscuro en un lado que en otro, o si es flexible, entonces puede no estar seco a pesar del número de días que haya estado secándose. Déjelo quieto otras 48 horas y revíselo de nuevo para ver si está seco.
	¿Está tratando de quemar conos de incienso?	**Si**—Tal vez sus conos son demasiado grandes. La parte más gruesa del cono no debe ser más ancha que un lápiz sin punta. Probablemente este es el caso si los conos arden más de la mitad.
		Tal vez ha usado demasiado aglomerante. Esto es probable si los conos están secos pero se apagan poco después de ser prendidos. Otra señal de mucho aglomerante es si ve que la ceniza sobre el cono tiene un diámetro mucho más pequeño que la parte del cono no quemada. Si observa eso, quizás necesita reducir la cantidad de aglomerante en su mezcla. Si las cenizas del incienso se pegan muy bien, tal vez utilizó demasiado aglomerante.
		Forme un espagueti con parte de la mezcla. Si éste se quema pero el cono no, debe aumentar la cantidad de base en la mezcla y probar los conos de nuevo. Como alternativa, puede hacer sólo espaguetis en lugar de conos.

Problema	Pregunta	Posibles soluciones
		Si la mezcla no arde, tiene muchos materiales difíciles de quemar en su fórmula. Reduzca a la mitad la cantidad de materiales vegetales aromáticos y pruebe de nuevo. Asegúrese de que todos los ingredientes de su mezcla sean secados antes de mezclarlos. Tal vez deba empezar con una nueva receta.
	¿Está tratando de quemar palitos con varas de bambú?	**Si**—Primero, pregúntese: "¿en realidad necesita esta vara?". A menos que piense transportar su incienso alrededor del mundo, una vara de bambú no es conveniente. La vara misma a menudo impide que el incienso se queme. Pruebe mejor el método del palillo.
		¿Está el incienso agrietado sobre la vara? Si se caen pedazos o sale humo de grietas en el incienso, lea entonces las sugerencias para agrietamientos.
		Tal vez el incienso no está pegado firmemente en la vara. Asegúrese de aplicar presión firme y uniforme en todas las partes del palito para que se pegue bien en la vara.

APÉNDICE A:

TABLA DE INGREDIENTES

LA SIGUIENTE TABLA de ningún modo lo abarca todo. Hay cientos de ingredientes para hacer incienso, y listarlos todos requeriría un libro completo. Sin embargo, esta tabla le brinda información básica para escoger ingredientes.

Para mayor información sobre estos y otros ingredientes, consulte un buen libro de referencia, tal como *Cunningham's Encyclopedia of Magical Herbs* (Llewellyn Publications, 1985), que le mostrará muchos más detalles.

NOMBRE COMÚN	NOMBRE EN LATÍN	CATEGORÍA	BASE	AGLOMERANTE	AROMÁTICO	ASOCIACIÓN ELEMENTAL	ASOCIACIONES TRADICIONALES	NOTAS
Pimienta inglesa	*Eugenia pementa*	planta			●	Fuego	Dinero, prosperidad, sabiduría	
Anís (semilla)	*Pimpinella anisum*	planta			●	Aire	Limpieza, juventud	
Hoja de laurel (laurel)	*Laurus nobilis*	planta			●	Fuego	Protección curación, limpieza	
Benjuí goma*	*Styrax benzoin*	resina	●		●	Aire	Limpieza, prosperidad	* Cuando se usa como material base, el benjuí sirve en especial como fijativo para ayudar a conservar y mezclar el aroma, y es muy útil en recetas que emplean aceites.
Cálamo (raíz)	*Acorus calamus*	planta			●	Agua	Suerte, curación, dinero, protección	
Cardamomo	*Ellettrua cardamomum*	planta			●	Agua	Amor, cuidado	
Hierba gatera*	*Nepeta cataria*	planta			●	Agua	Felinos, amor, belleza, felicidad	* Tenga cuidado al usar la hierba gatera. Mantenga el incienso fuera del alcance de los gatos mientras se seca.

Nombre común	Nombre en Latín	Categoría	Base	Aglomerante	Aromático	Asociación elemental	Asociaciones tradicionales	Notas
Cedro	Cedrus spp.	madera	●		●	Fuego	Curación, purificación, protección	
Camomila	Matricaria chamomilla	planta			●	Agua	Sueño, amor, limpieza	
Canela (casia)*	Cinnamomum cassia	madera			●	Fuego	Éxito, curación, poder, protección	* Es llamada casia, pero en los Estados Unidos muchos productos etiquetados como "cinnamon" (canela) son casia. Ésta debe ser usada en incienso, pues la verdadera canela no da buenos resultados.
Clavo*	Carophyllus aramaticus	planta	●		●	Fuego	Protección, exorcismo, amor	
Uña de caballo*	Tussilago farfara	planta			●	Agua	Visiones, amor	* El clavo es una adición importante a su base para ayudar a las mezclas que no prenden o que prenden y se apagan.
Copal*	Bursera odorata	resina			●	Fuego	Amor, limpieza	
Costo (raíz)	Sassurea lappa	planta			●	Agua	Amor, rejuvenecimiento	
Damiana*	Turnera aphrodisiaca	planta			●	Fuego	Amor, visiones	* La uña de caballo puede tener efectos psicotrópicos.
Sangre de dragón	Calamus draco	resina			●	Fuego	Amor, protección, exorcismo, potencia	* El copal está disponible en forma negra, blanca y dorada.
Eucalipto	Eucalyptus globules	planta			●	Agua	Curación, protección	
Olíbano	Boswellia serrata	resina			●	Fuego	Protección, limpieza llamamiento	* La damiana puede tener efectos psicotrópicos.
Galangal (raíz)	Alpina officinalis	planta			●	Fuego	Protección, salud, dinero, romper hechizos	
Jengibre (raíz)	Zingiber officinate	planta			●	Fuego	Amor, éxito, poder	
Sello dorado (raíz)	Hydrastis canadensis	planta			●	Fuego	Dinero, curación	
Goma arábiga (acacia)	Acacia senegal	planta		●		Aire	Protección	
Goma guar	Cyamopsis tetragonolobus	planta		●		Fuego	Devoción	
Hibisco	Hibiscus rosasinensis	planta			●	Agua	Amor, adivinación, pasión	
Marrubio	Marrubium vulgare	planta			●	Aire	Protección, mental poderes, curación	
Lúpulo (flor)*	Humulus lupulus	planta			●	Aire	Sueño, visiones	* El lúpulo puede tener efectos psicotrópicos.

Nombre Común	Nombre en Latín	Categoría	Base	Aglomerante	Aromático	Asociación Elemental	Asociaciones Tradicionales	Notas
Hisopo	*Hyssopus officinalis*	planta			●	Fuego	Purificación, protección, santificación	
Musgo de Irlanda	*Chrondus crispus*	planta			●	Agua	Dinero, suerte	
Enebro (baya)	*Juniperus communis*	planta			●	Fuego	Protección, salud, santificación	
Enebro (madera y agujas)	*Juniperus communis*	madera	●		●	Fuego	Protección, salud, santificación	
Lavanda (flores)	*Lavandula officinalis*	planta			●	Aire	Amor, protección, sueño, limpieza	
Hierba de limón*	*Cymbopogon citrates*	planta			●	Aire	Separación, pureza	* Aunque algunos libros de incienso listan la Hierba de limón como tóxico, eso no es cierto. Se usa en cocina, y hay que ignorar a quienes le temen.
Makko (tabú)	*Machillus thunbergii*	madera	●	●		Tierra	Limpieza, verdad	
Mejorana	*Origanum marjorana*	planta			●	Aire	Amor, felicidad, protección	
Artemisa	*Artemisia vulgaris*	planta			●	Tierra	Fuerza, adivinación, curación	
Mirra	*Commiphora molmol*	resina			●	Agua	Protección, curación, espiritualidad	
Mirto (hoja)	*Myrtus communis*	planta			●	Agua	Fertilidad, amor, larga vida	
Musgo de roble	*Evernia prunastri*	planta	●		●	Aire	Suerte, dinero	
Palo santo*	*Bursera graveolens*	madera			●	Aire	Limpieza, suerte, fuerza	* La fragancia del Palo santo es tan fuerte, que no la usaría como material base, pero usted puede hacerlo si quiere.
Perejil (hoja)	*Petroselinum sativum*	planta			●	Aire	Protección, limpieza, fertilidad	
Pachulí (hoja)	*Pogosemon patchouly*	planta				Tierra	Dinero, fertilidad, pasión	
Poleo	*Mentha pulegium*	planta			●	Fuego	Fuerza, protección, paz	
Pino	*Pinus spp.*	madera	●		●	Aire	Curación, fertilidad, protección	
Cedro rojo	*Juniperus virginiana*	madera	●			Tierra	Fuerza, honor, honestidad	

111

Nombre Común	Nombre en Latín	Categoría	Base	Aglomerante	Aromático	Asociación Elemental	Asociaciones Tradicionales	Notas
Romero	Rosmarnius officinalis	planta			●	Fuego	Sueño, curación, limpieza	
Azafrán	Crocus sativus	planta			●	Fuego	Amor, fuerza, felicidad	
Salvia (hoja)	Salvia officinalis	planta			●	Aire	Inmortalidad, larga vida, deseos	
Sándalo (amarillo)*	Santalum album	madera	●		●	Agua	Deseos, curación, espiritualidad	* El Sándalo amarillo indio es una especie en peligro de extinción, por eso debería evitar usarlo.
Sándalo (rojo)	Pterocarpus santalinus	madera	●		●	Aire	Limpieza, revelación	
Espicanardo	Aralia racemosa	planta			●	Agua	Salud, fidelidad	
Anís estrellado	Illicium anisatum	planta			●	Aire	Suerte, poder	
Dragoncillo (hoja)	Artemisia dracunculus	planta			●	Fuego	Fuerza, coraje	
Tomillo (hoja)	Thymus vulgaris	planta			●	Agua	Salud, sueño, coraje	
Sarapia (haba)	Dipteryx odorato	planta			●	Agua	Coraje, deseos, amor	
Tragacanto-goma	Astragalus	planta		●		Agua	Atadura	
Cúrcuma	Cucurma longa	planta			●	Fuego	Purificación	
Valeriana (raíz)	Valeriana officinalis	planta			●	Agua	Sueño, limpieza, amor	
Vetiver (raíz)	Vetiveria zizanioides	planta			●	Tierra	Suerte, dinero, romper hechizos	
Sauce blanco (corteza)	Salix alba	madera	●		●	Agua	Amor, adivinación, curación	
Lechuga silvestre*	Latuca virosa	planta			●	Tierra	Adivinación, visiones, revelación	* La Lechuga silvestre puede tener efectos psicotrópicos.
Asperilla	Asperula odorata	planta			●	Fuego	Victoria, protección	
Yohimbe (raíz)	Corynanthe yohimbe	planta			●	Tierra	Amor, pasión, deseo	

Apéndice B:

Localización de materiales

TAL VEZ LA parte más desafiante de la fabricación de incienso, en especial para el principiante, es encontrar los ingredientes necesarios. Por fortuna, en la actualidad tenemos muchas fuentes de suministros para fabricar incienso. En muchos sitios, desde la tienda local de productos para animales domésticos, hasta la Internet, podrá encontrar casi cualquier ingrediente que quiera y tenerlo en sus manos en unas semanas (a veces en sólo minutos).

Fuentes locales

Muchas tiendas y almacenes de la Nueva Era tienen una sección de hierbas. Son una fuente local excelente si tiene la suerte de que en su ciudad haya una. A diferencia de las tiendas herbales o gastronómicas, las tiendas de la Nueva Era tienen en cuenta que podemos usar estos productos para incienso. A menudo venden materiales base y una amplia variedad de aromáticos, pero muy pocas venden aglomerantes. Sin embargo, tienen acceso a ellos, aunque tal vez no lo saben. Si la tienda de la Nueva Era de su área ofrece hierbas y otros aromáticos, pregunte si pueden pedir aglomerantes para usted. Aunque el makko no es fácilmente disponible para el distribuidor, la goma guar y tragacanto a menudo se consiguen con los distribuidores de hierbas. La goma arábiga (acacia) es ofrecida por la mayoría de vendedores mayoristas de hierbas. Una tienda local que haga pedidos especiales para usted es la mejor fuente que puede tener. Muchas personas no tienen acceso a uno de estos maravillosos lugares, pero hay otras alternativas locales.

Si vive en una ciudad grande, podría tener la fortuna de contar con una tienda de incienso japonés. Sé que hay una docena de tales tiendas en los Estados Unidos, y aumentan cada año. Si su ciudad tiene una, podría ofrecer aromáticos de alta calidad, bases y con suerte makko (que llaman "tabu"), además de carbón de bambú y todos los elementos que necesita para quemar incienso estilo kodo (vea más información en el apéndice E). El makko lleva poco tiempo en las tiendas norteamericanas, pero a medida que se popularice estará más disponible. La mayoría de fabricantes de incienso (incluyendo este autor) no tienen la fortuna de tener cerca una de estas tiendas.

Casi todos los fabricantes novatos empiezan buscando en el estante de especias de la cocina. Desde luego que usted puede hacerlo (estoy seguro que la primera canela que usé la saqué de mi estante de especias), aunque encontrará que un buen distribuidor de incienso ofrece aromáticos de una calidad mucho mayor que la de tiendas de abarrotes. Incluso la tienda de comestibles más pequeña vende algunos productos útiles para hacer incienso. Las tiendas de abarrotes grandes a menudo tienen una gran variedad de especias. En la sección de especias se puede encontrar acacia, que es un aglomerante. No es muy fácil de usar, pero funciona. Busque en el directorio telefónico local tiendas herbales y de gastronomía. Llame a las tiendas herbales antes de ir, para confirmar que venden hierbas sueltas y no sólo plantas pulverizadas en cápsulas. Las tiendas de gastronomía a menudo ofrecen un surtido aun mayor de hierbas que la más grande tienda de abarrotes. Aunque puede encontrar acacia, estas fuentes no le venderán los aglomerantes que hacen que el incienso funcione bien.

Hay muchas fuentes locales de material base. Considero que el cedro rojo es una base aceptable para el incienso. Podrá encontrar viruta en la tienda local de productos para animales domésticos (o incluso en las tiendas de abarrotes en la sección de mascotas) como material de cama para animales. Asegúrese de revisar que el paquete indique que la madera no ha sido tratada con químicos (aunque esto rara vez sucede). La viruta puede ser molida y cribada para usar como base en incienso. Muchas tiendas de mascotas también venden virutas de pino. Esta por lo general es más fácil de pulverizar y también da buenos resultados como base, aunque de esa forma adicionará un olor a pino a cualquier incienso. Si tiene disponibilidad a árboles frutales, recoja madera caída y ramas cortadas de ellos cuando son podados. Esa madera puede ser astillada, secada y luego pulverizada para ser usada como material base. Las agujas de árboles de hoja perenne también pueden ser utilizadas. Se pueden recoger debajo de los árboles y de ramas caídas o cortadas. Incluso se consiguen en muchas tiendas de jardinería donde son vendidas como viruta. Encontrar aglomerantes (fuera de los de baja calidad que se consiguen en la sección de especias) es la tarea más difícil. Si no hay una tienda local que ordene aglomerantes para usted, busque en el directorio telefónico "distribuidores de productos químicos". Incluso las ciudades pequeñas tienen varios de estos almacenes. Las ciudades grandes podrían tener docenas. Tales proveedores usualmente ofrecen goma guar y tragacanto. A veces tienen las gomas en stock, pero con frecuencia usted deberá hacerles un pedido especial. Comprar materiales a distribuidores de químicos es la alternativa más costosa. A menudo, los proveedores de estos productos cobran el doble o el triple de lo que pagaría en otra parte, y es probable que deba comprar más de lo que desearía. Por otro lado, los aglomerantes de distribuidores químicos generalmente son de más alta calidad. Si los compra, encontrará que puede reducir la cantidad de aglomerante en todas las recetas presentadas en este libro. Si los usa y descubre que todo su incienso se apaga sin quemarse por completo, reduzca en un 50 por ciento la cantidad de aglomerante en las recetas.

Orden por correo y la Internet

Considero que siempre debería buscar en los distribuidores locales antes de hacer pedidos en otra parte. Si puede usar madera de su propia tierra como material base, ¡adelante! De esa forma no se desperdicia y al mismo tiempo genera un producto único basado en su ecología local. Pero en esta era de la informática, el atractivo de la Internet es irresistible. He incluido el término "orden por correo" en esta sección debido a que la mayoría de compañías en Internet permiten enviar los pagos por correo. En un futuro no muy lejano, estas entidades están destinadas a desaparecer. Si desea estar al tanto de los nuevos materiales y técnicas en la fabricación de incienso, debe consultar la red mundial de información. La mayoría de bibliotecas ofrecen el acceso gratis a la Internet.

En lo que respecta a la red, hay una amplia serie de empresas y grupos que le ayudarán en su tarea de fabricar incienso. Le recomiendo que empiece con la lista de distribuidores que aparece al final de este apéndice. He observado cuáles de ellos venden los materiales más difíciles de encontrar, pero la Internet cambia constantemente. Antiguas empresas desaparecen y muchas nuevas surgen cada mes. Si la lista de este libro no le muestra el distribuidor que necesita, o por mera curiosidad, navegue en la red. Le recomiendo utilizar "incienso" (en inglés "incense") como palabra de búsqueda. Obtendrá decenas de miles de sitios que listan la venta de incienso sumergido de baja calidad. Ensaye "fabricación de incienso" (en inglés "incense making") o algo similar, para encontrar información general.

Tenga en cuenta que muchos sitios que muestran instrucciones para hacer incienso, simplemente han copiado en forma ilegal información de uno de los libros sobre el tema disponibles en el mercado. Debido a que muchos de ellos abogan por el uso de nitro y otras técnicas impropias, no confiaría en gran parte de lo que dicen.

Si va a buscar un ingrediente específico, escriba dicho término para encontrarlo en la red. A menudo descubrirá una compañía que puede proveer ese producto en sólo unos minutos. También podría entrar con el nombre en latín del ingrediente. Con frecuencia hallará artículos interesantes sobre ingredientes. Casi siempre es una experiencia educacional.

También encontrará que la Internet es una fuente de consejos. Si le gustan los grupos de chat o mensajes en la red, descubrirá varios de ellos dedicados a los temas del incienso y su fabricación. Yo mismo dirijo uno de estos grupos y pertenezco a otros. Son una fuente de información (aunque no siempre es buena) pero, al igual que otras actividades de este tipo en la red, son propensos a la discordia. Diferentes grupos sienten la necesidad de promover agendas o dogmas que consideran importantes. No creo que haya algo malo en eso —después de todo, la diversidad nos mejora en conjunto—. Tenga en cuenta que las respuestas que obtiene para algunas preguntas planteadas provienen de una perspectiva filosófica específica y podrían no revelar todos los lados del asunto. Use como guía sus propios propósitos y experiencias. Si quiere evitar enredarse en filosofías y políticas, sería bueno que sólo leyera los mensajes sin adoptarlos. Confíe en usted mismo y las fuerzas que lo guían a través de la vida, y lea todo (incluyendo este libro) con un ojo crítico.

En los Estados Unidos

Abyss Distribution & Azure Green ■ 800-326-0804
P. O. Box 48 ■ Middlefield, MA 01243

Enchantments Inc. ■ 212-228-4394
341 East 9th Street ■ New York, NY 10003

FireWind Herbal Products ■ 877-950-3330
P. O. Box 5527 ■ Hopkins, MN 55343

Good Scents ■ 800-777-8027
327 Carpenters Lane ■ Cape May, NJ 08204

Grandpa's General Store ■ 608-269-0550
408 S. K Street ■ Sparta, WI 54656

Healing Waters & Sacred Spaces ■ 503-528-1430
2426 NE Broadway ■ Portland, OR 97232

The Herbal Glen ■ 918-742-6133
6508 S. Peoria Ave. ■ Tulsa, OK 74136

In Harmony Herbs & Spices ■ 800-514-3727
4808 Santa Monica Ave. ■ San Diego, CA 92107

Isis Metaphysical Books & Gifts ■ 800-808-0867
5701 E. Colfax Ave. ■ Denver, CO 80220

Magickal Enchantment Metaphysical Store ■ 877-845-9775
200 E. Dana Street, Suite #7 ■ Mountain View, CA 94041

Mother's Hearth ■ 866-835-3290
3443 E.11th Street ■ Tulsa, OK 74112-3825

Mountain Rose Herbs ■ 800-879-3337
85472 Dilley Lane ■ Eugene, OR 97405

PoTO Books & Herbs ■ 310-451-9166
1223 Wilshire Blvd. #925 ■ Santa Monica, CA 90403

Sacred Traditions ■ 425-793-8669
3510 NE 4th Street, Suite A ■ Renton, WA 98056

Scents of Earth ■ 800-323-8159
P. O. Box 859 ■ Sun City, CA 92586

Shoyeido Incense ■ 800-786-5476
1700 38th Street ■ Boulder, CO 80301

Taos Herb Company ■ 800-353-1991
P. O. Box 3232 ■ Taos, NM 87571

Two Hundred Hands ■ 866-497-4561
2808 Jefferson NE ■ Albuquerque NM 87110

En el Reino Unido

Druidskeep ■ +44 (0) 1204 304483
3 Palm Street, Astley Bridge ■ Bolton, Lancashire BL1 8PQ

Mesmerize Magickal Supplies ■ 01709 821403
26 Wellgate Rotherham ■ South Yorkshire, S60 2LR

New Moon Enterprises ■ 01235 819 744

P. O. Box 110 ■ Didcot, Oxon OX11 8YT

Apéndice C:
Filosofías del incienso avanzadas

Una vez que domine lo básico en la fabricación de incienso, podrá continuar practicando este fascinante pasatiempo durante años. Si decide convertirse en fabricante de incienso (no necesita volverse un "profesional" para ser un hábil fabricante), hay unos aspectos éticos que debe considerar. Esto es aún más importante si elabora incienso para rituales. Si sus prácticas de fabricación no están de acuerdo con sus creencias espirituales, el valor del incienso es disminuido.

Fabricación de incienso y el medio ambiente

Los ingredientes del incienso son regalos de la tierra. Incluso la más común planta de romero es una gran maravilla y merece el debido respeto. Entre más raro y preciado sea el material, mayor respeto merecerá. Eso saca a colación el tema de las plantas y árboles en peligro de extinción. El sándalo amarillo indio está en peligro (aunque el sándalo es exportado en otras naciones donde es poco común pero no se encuentra cercano a desaparecer). En muchos países es ilegal importarlo. El palo de áloe también está en alto riesgo. Hay planes para salvar estas especies, pero nada de eso es seguro. Usar estos materiales podría acelerar la extinción de tan raros y valiosos especimenes.

No todos los materiales raros están en peligro. Algunos son difíciles de cosechar. Hay plantas que producen sólo cantidades minúsculas del material deseado, y eso las hace raras y costosas (el azafrán es un buen ejemplo). Tales plantas podrían no enfrentar la amenaza de la extinción, pero están limitadas por la cantidad que una región pueda cultivar.

No hay duda del poder que tienen estos materiales. Por mucho tiempo se ha sabido que estos valiosos ingredientes tienen propiedades para curar y han sido usados en incienso durante miles de años. Pero el gusto por el poder que poseen puede conducir a su extinción. Por eso debe considerar este factor antes de decidir el uso de uno de tales ingredientes.

No estoy diciendo que nunca debería usar materiales poco comunes, pero considérelo bien. Aunque el palo de áloe y otros están amenazados, el manejo cuidadoso de tales recursos en su lugar de origen es la clave para su supervivencia. Apoye este manejo comprando materiales escasos sólo a través de importadores con buena reputación en su país. Si utiliza ingredientes escasos, trátelos con el mayor respeto. No desperdicie un solo gramo de este material. Cuando haya elaborado el incienso con él, no lo queme frívolamente. Guárdelo para ocasiones o rituales especiales. También debería agradecer a las plantas que suministraron los materiales poco comunes. Considere bien cómo ve las plantas raras su tradición o camino espiritual antes de usarlas en incienso.

Ingredientes "destructivos" versus "no destructivos"

Otro factor que podría ser importante en algunas tradiciones es el concepto de ingredientes "no destructivos". Es casi como un "ayuno no destructivo", en el que ningún alimento es consumido si la planta o el animal que lo suministró debió ser sacrificado (por ejemplo, las manzanas no tienen problema porque el árbol no es destruido, pero descabezar lechugas no sería aceptable porque la planta debe morir). Los materiales "destructivos" son los ingredientes que requieren que la planta o el árbol sean sacrificados antes del uso. Generalmente, las maderas son materiales destructivos. De hecho, toda madera de corazón es un material destructivo, pero es posible usar madera de ramas caídas o cortadas al podar, que sería considerada "no destructiva". Aunque algunos importadores afirman que sus maderas son no destructivas, creo que lo mejor es suponer que, a menos que la recojamos nosotros mismos, es un material destructivo. Algunos materiales de plantas también son de la variedad destructiva. La mayoría de raíces también se incluyen, a menos que sean cogidas con mucho cuidado.

Por otra parte, muchas plantas son no destructivas. Plantas como la camomila y la lavanda son cosechadas sin hacer daño a las mismas. La mayoría de plantas cuyas hojas son usadas (como la salvia), tampoco son destructivas. Las resinas también son materiales aceptables, por ejemplo el olíbano, sangre de dragón y mirra. El árbol que provee tan valiosa resina es tratado con gran cuidado y respeto. Pueden pasar generaciones para que un árbol produzca una resina realmente fragante, por eso los árboles están bien ocultos y son cuidados con amor. De hecho, muchas plantaciones de árboles fragantes aún son ocultadas y su localización nunca es revelada a forasteros. Las hojas y agujas de árboles, "brotes rastreros" de plantas madre más grandes, y flores de plantas, son materiales no destructivos. Aunque esta no es una consideración para todos los caminos de vida o tradiciones, es otra filosofía importante que debería tener en cuenta a medida que desarrolla su habilidad para hacer incienso.

El mundo sombrío del incienso

Por desgracia, existe un"mundo sombrío" de engaño y delito que existe en el campo de la fabricación de incienso. Abarca desde métodos tradicionales para estafar compradores con productos inferiores, hasta la cría de animales para fabricantes de incienso. Es lamentable que estos problemas sean significativos para justificar discutirlos en este libro, pero todo el que usa o hace incienso debe conocerlos.

Fraude

Desde que existen comerciantes de incienso, han habido unos que se aprovechan de sus clientes. Este es un problema menor que el fraude en los materiales de incienso de bajo costo. Aunque hay vendedores que engañan a sus clientes con ingredientes de bajo costo, "rebajando" el material con productos más baratos, el fraude es un trabajo mucho mayor. Las personas usualmente no quieren pasar todo ese apuro por un artículo que les dará una ganancia de tres dólares. Habiendo dicho eso, el fraude sucede ocasionalmente. Hay vendedores inescrupulosos que toman cualquier madera en polvo, la aromatizan con aceites fragantes, y luego la venden como polvo de palo de áloe o de sándalo.

Pero hay materiales de incienso que son muy costosos. En lo que respecta a este nivel de ingredientes de incienso, el fraude es un problema mucho mayor. Maderas inferiores son a veces remojadas en aceites para hacerlas parecer más valiosas. En ocasiones un comprador que no ha investigado lo suficiente puede ser engañado para que crea que un tipo de madera es otro mucho más costoso. No tengo duda de que los vendedores que conocen tales fraudes hacen uso de muchos más trucos de engaño.

Pillaje

Aun más trágico que el fraude es el pillaje del medio ambiente para sacar provecho. Aunque la India tiene leyes concernientes a la exportación y explotación del sándalo amarillo (*Santalum album*), la práctica de coger en vedado parece estar extendiéndose mucho. Es imposible decir cuánto del sándalo vendido en el mundo es realmente sándalo amarillo indio cogido de manera furtiva. Los otros materiales de incienso protegidos enfrentan problemas similares. La mayoría de estos materiales son encontrados en regiones muy pobres del mundo. Es comprensible que pueblos locales se vean tentados a pillar lo que consideran como un recurso de su área. La demanda de gente adinerada por estos materiales sube tanto los precios, que ninguna persona pobre puede resistirse a la tentación.

Así sea difícil de creer, incluso en el siglo XXI continúa la explotación de animales por sus partes aromáticas. Aunque en Occidente es poco común el uso de productos animales en incienso, aún es una práctica aceptada por algunos en Oriente. El ámbar gris, el aceite de almizcle (de numerosas especies) y otros productos animales han sido usados históricamente en incienso, y estas prácticas continúan actualmente. Mi mayor protesta personal es que muchos de estos materiales animales son destructivos en el peor sentido de la palabra. Recientemente quedé consternado al oír a un "experto" en incienso norteamericano que le preguntó a un grupo de personas si habían experimentado el almizcle auténtico. ¡Desde luego que esperé que la respuesta de todos fuera "no"! Casi como el comercio de marfil, el comercio de aromáticos animales es algo que deberíamos dejar en el pasado. Hay intentos continuos en partes del mundo por criar animales y extraer su almizcle sin matarlos. Creo que es como obtener marfil de elefantes sin sacrificarlos. Es un método más humano de producción, pero puede causar más mal que bien porque brinda a los cazadores furtivos la oportunidad de usar el disfraz de "productos de animales criados" para legitimar lo que han conseguido mal ganado. Evite el uso de productos animales en su incienso.

Consumo conspicuo

Usted podría preguntar, y con razón, por qué la gente está dispuesta a pagar diez veces el precio del oro por un pequeño trozo de madera o parte de un animal. Hay dos razones básicas, pero ambas se reducen a la misma cosa: egoísmo. La primera razón es que algunas personas muy conocedoras del incienso saben cómo usar estas sustancias para lograr un gran efecto. Incienso maravilloso puede ser producido con estos materiales que ofrecen al usuario toda clase de beneficios. Pero debo cuestionar el precio kármico que tales personas tendrán que pagar por el deseo de poseer el mejor incienso.

Hay otra razón, aun más lamentable, para que algunos se dediquen al comercio de estos materiales preciados. Hay personas que lo hacen para ser parte de un grupo "élite". Creen que necesitan viajar y coleccionar todos los aceites y aromáticos costosos y raros que puedan para impresionar a los otros miembros de su grupo. He conocido algunas de estas personas y no dudo que hay muchas más en naciones de todo el mundo. El deseo de aceptación social (y sus abundantes reservas de dinero) los impulsa a buscar tales ingredientes. Lo peor de todo, tienden a acumular lo que compran, y muchas fuentes maravillosas de aroma son aisladas de todos y nunca usadas en lo absoluto. Que desperdicio.

Estas razones convergen en el egoísmo y un deseo personal desmesurado. Ya sea el deseo de coleccionar o de crear la mejor experiencia olfativa, simplemente es un acto egocéntrico. Elevar los precios a niveles tan exagerados conlleva a que las personas hagan estragos en su tierra natal, es irresponsable y demuestra un irrespeto por la naturaleza. No quiero que nada de lo que experimente o aprenda de este libro lo conduzca a este camino oscuro. Digo a estos "consumidores conspicuos" que el fin no justifica los medios. Si algún día descubriéramos que los niños pequeños tienen una maravillosa glándula aromática en el cráneo, nunca la usaríamos para incienso. Debe haber límites en el deseo personal para conservar el mayor bien.

Confíe en sí mismo

En lo que respecta a encarar problemas éticos como estos, confíe en sí mismo. Piense en la situación y considere el entrenamiento que ha recibido. Luego escuche lo que su conciencia le dice. Si está indeciso, pídale a las deidades una elección más clara. Confíe en que sabrá la respuesta correcta. Siempre que se haga a sí mismo preguntas difíciles acerca de lo que hace, será fiel a sus creencias.

Mientras sigue en el mundillo de la fabricación de incienso, podría encontrar personas que le darán consejos que van en contra de lo que usted cree. Tal vez conozca a quienes afirman que ningún material de incienso está en peligro de extinción. Puede que se tope con "expertos" que le dirán que si no quema palo de áloe, no sabrá lo que en realidad es el incienso. Es posible que encuentre personas que critiquen sus técnicas de fabricación o las tradiciones que sigue. Siempre tenga en cuenta este consejo: permanezca fiel a su camino y sus creencias, pero considere lo que otros dicen. No cierre sus ojos y oídos —mantenga una mente abierta—. Sin embargo, tenga la seguridad de que lo que sabe es correcto sin importar lo que le diga algún "experto".

El arte del incienso, al igual que la vida, es un proceso de aprendizaje. Tiendo a ignorar a quien afirma que sólo hay una forma de enfocar el incienso (o cualquier otra cosa). Tales fabricantes dogmáticos se pierden gran parte de la alegría de este arte por su enfoque limitado. Pero eso no significa que no tengan nada para contribuir. Escuche lo que le digan, extraiga algo útil de ello y siga adelante.

Las técnicas y los ingredientes no se limitan a dogmas y pueden ser empleados por personas de diferentes creencias. La fabricación de incienso es un arte que examina el pasado y el futuro. En tiempos venideros, podríamos descubrir que algunas de las técnicas de este libro son inferiores. Por eso trabajamos al respecto —para mejorar nuestro conocimiento y capacidad—. Esto se consigue mediante el estudio del pasado y la investigación para el futuro. A medida que aprendemos más, podemos enseñarnos mutuamente. Debemos estar dispuestos a abandonar técnicas malas en favor de unas mejores cuando se presente la evidencia. El hecho de que un fabricante de incienso esté empantanado por dogmas, no significa que sus técnicas sean inválidas.

No deje que "expertos" en incienso (o esnobs o consumidores conspicuos) lo desanimen. No hay una forma precisa de hacer las cosas ni un ingrediente que haga el incienso perfecto. La perfección, al igual que en la belleza, yace en el olfato de la persona. Mantenga una mente abierta, permanezca fiel a sus creencias, y tendrá toda la armadura que necesita para no dejarse intimidar por "expertos" que traten de decirle cuán equivocado está.

La fabricación de incienso requiere cierta consideración ética. Debe decidir cuáles ingredientes son adecuados para usar de acuerdo a sus propias creencias. No se preocupe por conseguir los productos más escasos y costosos —trabaje con materiales locales cuando pueda—. Si mantiene su incienso natural y es fiel a su ética a pesar de lo que vea o lea, será recompensado con un producto aromático maravilloso por el resto de su vida.

APÉNDICE D:
USOS DE RITUALES SUGERIDOS

ANTES DE EMPEZAR de lleno en esta sección, quiero dar la siguiente observación. Muchas tradiciones o caminos espirituales tienen formas muy específicas de conducir rituales y usar incienso. Las sugerencias en este apéndice de ningún modo están destinadas a reemplazar las enseñanzas de su tradición; son presentadas para brindar ideas que podrían ser incorporadas en sus prácticas rituales normales. Si es ecléctico, como yo, entonces diseñar sus propios rituales (o incorporar nuevas ideas en viejos rituales) es algo que hace regularmente. En ese caso, usar este apéndice debería ser muy fácil. De cualquier modo, estas sugerencias son sólo eso —sugerencias—. Usted entiende sus prácticas espirituales más que nadie. Cambie o modifique las palabras que presento, quite partes que no estén de acuerdo con sus prácticas normales, o siga los rituales exactamente; usted elige lo que considera apropiado. Como siempre, confíe en su inspiración.

Limpieza

Este es uno de los usos más fundamentales del incienso. Olores fétidos pueden indicar una presencia negativa, y el incienso ha sido usado con frecuencia para removerlos ambos al mismo tiempo. La limpieza, o purificación, es un primer paso importante en muchos rituales. También es un paso crítico al preparar el espacio sagrado.

Ritual para limpiar el espacio

Siempre he pensado que los rituales sencillos son los mejores, aunque la pompa de un ritual elaborado es muy divertida. Use este corto ritual para expulsar energías negativas que a menudo se acumulan como resultado de la vida cotidiana. También es muy útil después de cualquier incidente negativo que ocurra en su casa. Este ritual rápido puede emplearlo fácilmente dondequiera que esté.

Primero, escoja un incienso de limpieza. Éste puede oscilar entre una simple salvia y una compleja receta de purificación, pero debe ser un palito o cono al que haya transmitido energía para el propósito de limpieza. Seleccione un quemador de incienso o incensario apropiado. Empiece el ritual aquietando su mente. Esto es realizado más fácilmente tomando y liberando unas respiraciones profundas lentamente. Visualice la energía negativa en el espacio. Vea esta energía con su imaginación. Mire hacia el Este y prenda su incienso. Ofrézcalo a esta dirección levantando con ambas manos el incensario por encima del nivel de sus ojos. Si lo desea, adicione también una invocación hablada.

"Grandes espíritus del aire, les pido que limpien este espacio y destierren las energías negativas que moran en este lugar".

Tenga en cuenta que siempre puede modificar la invocación para que se ajuste a su propia tradición o simplemente para que suene como quiere. El paso importante es visualizar las energías negativas saliendo a través del techo o por las ventanas. Su cuerpo podría sentir un poco de hormigueo mientras las energías del incienso y de usted se esparcen, desplazando lejos las energías negativas. Mientras lo hace, visualice también la energía pasando del incienso a sus pulmones y luego saliendo al exhalar, adicionando su energía personal a la del incienso.

Si está limpiando un espacio pequeño, diríjase al Sur. Si está en un lugar donde puede moverse alrededor, camine hacia la parte más meridional de la habitación y mire hacia el Sur. La invocación hablada podría tener la misma forma de la primera.

"Grandes poderes del fuego, les pido que limpien este espacio y destierren las energías negativas que moran en este lugar".

Visualice olas de calor y diminutos rayos de fuego saliendo del incienso y eliminando las energías negativas que tocan.

Continúe hacia el Oeste e invoque las fuerzas del agua. Visualice las energías negativas siendo expulsadas por la energía pura del agua. Si está en una habitación con un fregadero, visualice las energías negativas siendo sacadas por el desaguadero.

Finalmente, diríjase al Norte e invoque las fuerzas de la tierra. Visualice las pocas energías negativas restantes siendo expulsadas del espacio a través del piso o suelo donde se encuentra. Descargue el incensario (en un lugar seguro) y deje que el incienso siga prendido hasta que se consuma por completo. Una vez que se apague, limpie el incensario.

Limpieza de herramientas

La limpieza también es necesaria cada vez que adquiera una nueva herramienta de altar. Podría encontrar un bello cáliz (copa) en una subasta pública, al cual debe limpiarle las energías negativas dejadas por el anterior dueño. Yo incluso limpio herramientas nuevas. No hay forma de saber quién las ha tocado antes de que llegaran a sus manos, por eso la limpieza es necesaria cada vez que adicione una nueva herramienta a su altar.

Comience escogiendo incienso de limpieza. Con incienso de una sola hierba me gusta usar romero para limpiar herramientas, pero es mejor una mezcla de incienso diseñada y cargada de energía específicamente para limpieza. Si tiene un altar permanente, ponga su incensario o quemador sobre él. De otra manera, cualquier espacio de trabajo plano servirá. Primero aquiete su mente, luego prenda el incienso. Sostenga la herramienta con ambas manos y examínela por un momento. Después véala con la imaginación (el ojo de su mente). Visualícela sucia u oxidada. Sostenga la herramienta encima del incienso y muévala lentamente de un lado a otro para que el humo la toque por completo. Mientras el humo toca la herramienta, visualice la suciedad o el óxido desapareciendo. A medida que la gira y mueve a través del humo, véala tornándose nueva y brillante, incluso si es muy vieja y parece estropeada a simple vista.

Si desea hacer una invocación, podría decir:

"*Incienso limpiador, destierra las energías negativas de este* [nombre de la herramienta]. *Vuélvela pura e intacta*".

Cuando la herramienta sea limpiada por completo, póngala en su altar o espacio de trabajo hasta que el incienso termine de quemarse. Una vez que el incienso se apague, limpie el incensario y guarde la herramienta renovada en un lugar apropiado.

Ritual para escuchar el incienso

"Escuchar el incienso" se trata con más detalle en el apéndice E, pero quiero presentar este pequeño ritual. Me gusta sentarme y escuchar un solo ingrediente del incienso de vez en cuando. Nunca se sabe qué puede revelarnos. A veces, cuando escucho un aromático, me dice cosas que difieren de lo que podría haber leído sobre él. A veces uso un aromático de una forma diferente de la que es aceptada generalmente (por ejemplo, utilizar como signo de tierra una hierba que por lo general es considerada bajo el signo de aire). Escuche lo que su incienso le dice y se sorprenderá.

Empiece escogiendo un aromático (también puede hacer esto con bases y aglomerantes). Puede usar incienso en palito o cono, pero es mejor escuchar el puro aromático, por eso debería emplear carbón vegetal. Agradézcale a la planta que ofreció el aromático y pídale que lo ilumine. Podría emplear la siguiente invocación hablada:

"Maravilloso [nombre de la hierba], regalo de la tierra, te pido que abras mis ojos y mi alma a tu verdadero espíritu y me cuentes tus secretos".

Aquiete su mente y coloque el aromático sobre el carbón. Cierre los ojos y mantenga su mente despejada de treinta a sesenta segundos. Mientras el olor del aromático flota sobre usted, abra la mente a la fragancia. ¿Imágenes o sensaciones llegan a su mente? ¿Qué pasa con su imaginación?

Escuchar los aromáticos es casi como escuchar personas. Requiere práctica y un deseo sincero de entender. Inicialmente podría tener problemas para escuchar lo que el aroma le dice. Pero la persistencia da resultados. Tal vez necesite llevar un diario de sus impresiones de diversos aromáticos para ver cómo cambian a través del tiempo mientras aprende a escuchar más cuidadosamente.

Creación del espacio sagrado

Crear el espacio sagrado es un paso muy importante para rituales, y ésta es tal vez el área de la magia donde sobresale más el poder del incienso. La creación del espacio sagrado es en realidad preparar un ambiente acogedor y puro en el cual puede llamar deidades o espíritus. Quemar apropiadamente incienso energizado es suficiente para cambiar en su totalidad la atmósfera de un lugar del mundo terrenal a un espacio donde se da vía a la magia. En realidad, ningún ritual es necesario, pero si siente que debe hacer uno, efectivamente hágalo.

Para este ritual podrá usar cualquier incienso cargado energéticamente. El más adecuado sería el incienso de limpieza o altar, pero debido a que todo incienso cargado es mágico, cualquier clase servirá. Puede utilizar el incienso que planea usar durante el ritual. Escoja el incienso y el incensario. Aquiete la mente. Prenda el incienso. Empiece a caminar a través del área que piensa utilizar. Visualice el cambio de energía mientras camina por la habitación. El espacio que transite y todo lo que sea tocado por el humo sagrado queda energizado y vibrante en comparación con sus energías mundanas antes del incienso. Si planea hacer un círculo mágico en el espacio sagrado, debe caminar el perímetro (en el sentido de las manecillas del reloj) donde el círculo será lanzado. De esa forma podrá energizar por completo el aire dentro del círculo. Si desea hacer una invocación hablada, repita las siguientes palabras mientras camina:

"*En este espacio ningún mal entrará. De este espacio ningún mal saldrá. El humo sagrado crea espacios sagrados*".

Continúe caminando a través del área hasta que sienta que está totalmente energizada. Deberá visualizar con claridad las energías puras en el espacio. Tal vez lo vea como un color vivo o rayos danzantes de energía. Coloque el incensario sobre el altar y deje que el incienso se consuma por completo. Puede usar este tiempo para disponer las herramientas de altar que piensa usar, el incienso para rituales, el traje ritual, etc. También es un rato excelente para hacerse un baño ritual.

Llamar las direcciones

Si lleva a cabo rituales dentro de un círculo mágico, entonces sabe que "llamar las direcciones" es un paso importante para formar el círculo. En lugar de presentar un largo ejemplo de esto, sólo mencionaré que el incienso puede jugar un papel clave en el proceso. Si ubica un incensario o quemador en cada uno de los puntos cardinales del círculo, puede ofrecer un incienso diferente a cada dirección. Debe cargar y formar inciensos apropiados para la dirección llamada (aromáticos de agua para el Oeste, aromáticos de tierra para el Norte, etc.). Si usa velas para señalar los puntos cardinales, primero debería prender la vela y luego el incienso de ella.

Esta práctica es otro buen argumento para hacer espaguetis. Si utiliza cilindros gruesos, palitos con varas, o incluso conos, teniendo un tipo de incienso prendido en cada dirección, más el incienso que yace en el altar, podría terminar "ahuyentándose con el humo". En mis primeros estudios con el incienso a veces creaba una capa de humo tan gruesa que no podía ver para leer. Usando espaguetis, cada palito produce una cantidad de humo muy pequeña (aunque el aroma es muy poderoso). Tener cuatro o cinco prendidos no causará problemas.

También se podría pensar que tener tantos tipos de incienso prendidos a la vez crearía olores desagradables. Por el contrario, los aromas tienden a complementarse y crean una nueva fragancia al mezclarse. Llamo a esto "mezcla de aire". Hacer esto puede ser muy efectivo y divertido. Para lograr los mejores resultados, utilice recetas simples para el incienso de las direcciones; sólo uno o dos aromáticos en esas mezclas. De esta forma, con todas las direcciones prendidas, las fragancias sólo contienen cuatro aromáticos. Muchas mezclas de incienso contienen mucho más que eso. Lo más maravilloso de usar incienso en cada dirección de esta manera, es que mientras usted camina alrededor del altar dentro del círculo, pasa por las diferentes "zonas aromáticas". Al atravesar la dirección del aire, podrá "escuchar" el aire. Además, mientras camina, su cuerpo entero ayuda a agitar el aire dentro del círculo mezclando los cuatro aromas en uno solo.

Santificar las herramientas

Aunque ya hablé de la limpieza de las herramientas, este es un ritual diferente con un propósito muy distinto. Sé que muchos practicantes nunca llevan a cabo este paso adicional, así que usted también podría omitirlo, pero personalmente lo disfruto y encuentro gratificante. La santificación sirve como un reconocimiento normal de que está adicionando una nueva herramienta mágica a su trabajo y también poniéndole un "sello" personal afirmando que es sólo suya.

Empiece limpiando la herramienta. Podría hacerlo días o incluso semanas antes de santificarla. Aunque no es obligatorio, prefiero santificar las herramientas bajo la luna llena. Si acostumbra a lanzar un círculo mágico, definitivamente le sugiero santificarlas dentro de él. Escoja un incienso, y si tiene una mezcla personal que quiere usar (es bueno que produzca un aroma propio —es una forma de distinguirse—), debería emplearla. De otra manera cualquier mezcla de incienso de altar es apropiada.

Prenda el incienso y colóquelo sobre el altar. Sostenga la herramienta con ambas manos y párese frente a su altar. Visualice la herramienta brillante y limpia. Mientras el humo asciende, vea sus energías mezclándose con su propia energía personal y fluyendo a la herramienta. Mientras ve la energía entrando en la herramienta, imagine su sello personal siendo grabado profundamente en ella. Su sello puede ser su nombre mágico, iniciales, símbolo personal o cualquier otra marca que quiera. Si desea adicionar una invocación, podría decir lo siguiente:

"Recibo esta nueva herramienta y la marco como mía. Sea conocido por todas las fuerzas que esta herramienta es mía, servirá solamente para el bien del mundo y nunca para perjudicarlo. No servirá para nadie diferente a mí o las personas que nombre".

Si va a desarrollar el ritual dentro de un círculo mágico, debería ofrecer la herramienta a cada una de las cuatro direcciones antes de ponerla de nuevo sobre el altar. Ahora es suya y lleva su sello. Tenga cuidado de a quién le permite coger las herramientas de altar después de haber hecho este ritual.

Ocasiones especiales

Siempre es una agradable sorpresa cuando un fabricante de incienso le obsequie al alguien una mezcla hecha sólo para una ocasión especial. Sabbats, matrimonios paganos, iniciaciones, cumpleaños u otras celebraciones son excelentes razones para crear una mezcla de incienso especial. No sólo realzará la ocasión, también se hará memorable en la mente de todos en el lugar. El olor tiene un efecto profundo y duradero en el cerebro, y el incienso crea un ambiente aromático único que deja una marca permanente. Encontrará varias de estas recetas en el capítulo 7, pero debería intentar realizar su propia y única mezcla. Tal vez podría elaborar más de lo necesario y ofrecerla como obsequio a su anfitrión o sus invitados. El incienso también puede ser muy especial cuando elabore una mezcla para las ocasiones en que lo usa estrictamente estando solo. Es suyo únicamente, y esa puede ser una magia muy especial para usted.

Invocación de deidades y espíritus

Hay varias formas de usar incienso en el altar para llamar deidades o espíritus, pero sólo voy a mencionar dos de ellas. Las llamo métodos de "un palito" y "múltiples palitos". Aquí puede crear un solo tipo de incienso para usar en el altar. El aroma podría cambiar cada vez que lance un círculo, o puede diseñar una sola mezcla que sea exclusivamente para el altar. Este es el método de un palito. Significa que necesita quemar un solo palito de incienso en su altar.

Por otra parte, si a menudo acude a múltiples deidades (es muy común acudir a una Diosa y un Dios en muchos caminos espirituales, y muchas veces son llamadas más de dos divinidades), elabore un aroma especial para cada espíritu o deidad que invoque. Esto es aun más útil si no siempre acude a los mismos espíritus o deidades cada vez. Crear una fragancia para cada uno será una invitación especial para que el espíritu entre a su círculo o lo ayude en el trabajo mágico. Al usar estas mezclas de incienso específicas experimente los más profundos vínculos entre usted, los espíritus que invoca y el universo para dicho propósito.

Aunque las fuerzas de la tierra y el universo siempre están presentes de algún modo, creando una mezcla específica para un determinado espíritu facilitará un gran poder. Esto no sólo crea un espacio sagrado para ese poder, también genera un estado particular en su propia mente. El aroma fluye a su cerebro y le "recuerda" la presencia de ese poder. En el humo de este incienso especial a veces uno puede ver la forma de la fuerza invocada. Es una verdadera bendición presenciar la aparición de Dios o la Diosa en el humo.

APÉNDICE E:

"ESCUCHAR EL INCIENSO"
EL ENFOQUE JAPONÉS DEL INCIENSO

EN NINGÚN LUGAR el arte del incienso es más apreciado que en el Japón. Los maestros de incienso japoneses son considerados grandes artesanos y admirados por sus habilidades. El incienso está profundamente relacionado con creencias espirituales, aunque también hay prácticas informales por el simple placer de experimentarlo. A diferencia de Occidente, el valor y conocimiento de los fabricantes de incienso (en especial los que han dedicado la vida a esta actividad) es conocido ampliamente en el Japón. No es extraño que el incienso más fino del mundo provenga de esta nación.

Escuchar el incienso

Los maestros japoneses enseñan que debemos "escuchar" el incienso. Esta es una bella analogía que tiene mucho de verdad. La palabra "olor" es insuficiente para describir las sensaciones al experimentar el incienso. Antes de hacer cualquier incienso ritual es importante escuchar los ingredientes del mismo. Prendiendo un solo ingrediente y escuchándolo con atención podrá aprender mucho sobre él. Para escuchar, debe primero aquietar sus propios pensamientos, luego inhalar la fragancia, sostener la respiración unos segundos y exhalar lentamente. Si usted se encuentra en un estado receptivo a escuchar, el aromático empezará a hablarle o cantarle de inmediato.

Incienso como música

Conozco un abogado e importador de incienso que dice que los ingredientes del mismo son como notas musicales individuales. Aprendiendo diversas notas y luego dominando su combinación, el incienso puede convertirse en una gran melodía. También me encanta esta analogía. Al igual que un gran músico, un buen fabricante de incienso debe empezar aprendiendo su arte una nota a la vez. Podemos considerar este libro como un texto elemental para "músicos" de incienso principiantes. Estudiando los ingredientes de su incienso ("notas") uno por uno, se familiarizará con cada uno de ellos en forma individual.

Cuando haya aprendido algunas notas, podrá ensayar melodías simples. Combine dos notas y luego escuche los resultados. A medida que aprenda notas, obtendrá la capacidad de componer melodías más complejas. Entre más notas aprenda, más compleja será su música con incienso. Después de siete años de elaborar incienso, diría que a veces silba bellas canciones. Hay maestros de incienso que lo han escuchado durante varias décadas y pueden componer sinfonías magníficas. Escuche su incienso; él cantará sus composiciones.

Quemar con makko

La tradición japonesa nos ofrece una interesante alternativa para quemar incienso en carbón vegetal. Aquí se utiliza el mismo makko empleado como aglomerante. Debo señalar que makko es en realidad un término genérico que puede significar cualquier tipo de incienso en polvo. No quiero dedicar tiempo en este libro para detallar los nombres de la gran variedad de polvos de incienso japoneses, pero makko también se emplea para describir una mezcla de sándalo, palo de áloe y clavo. Este tipo de makko también apropiado para quema de makko, aunque por sí solo es muy fragante.

Para quemar makko necesita un incensario lleno de ceniza. Tradicionalmente, en el Japón se utiliza ceniza de paja de arroz. Desde luego que logrará los mejores resultados con esta ceniza, y si está interesado en este estilo de quemar incienso, le sugiero estudiar la lista de distribuidores. Muchos de ellos ofrecen esta ceniza y es muy económica. Es importante observar qué roca o arena no funcionan para este método. Llene con ceniza 3/4 partes del incensario. Presiónelo para compactar un poco la ceniza. Luego debe hacer una impresión en ésta. Aunque para este propósito hay una herramienta tradicional en forma de U, puede usar un pequeño trozo de madera o el borde de una cajita. Necesita una forma rectangular de aproximadamente una pulgada de ancho por tres de largo. Hunda la madera en la ceniza cerca de una pulgada. Remueva la madera cuidadosamente. Luego llene la impresión en la ceniza con makko. Después prenda un extremo del makko. Se prenderá gradualmente de un lado al otro. Puede usar el polvo ardiendo en rescoldo como prender carbón vegetal y poner los aromáticos que desee sobre el makko.

Este es un método original de quemar incienso y es en sí agradable, pero yo no soy un gran seguidor de él. Tiene un lugar fijo en las prácticas tradicionales japonesas y budistas, pero no creo que el usuario de incienso promedio lo emplee. No tengo quejas acerca de la técnica en sí, simplemente no me gusta ver materiales gastados de esa forma. Si usted usa makko (tabu) en su incensario, entonces se ha privado de la capacidad de hacer muchos conos o palitos de incienso amasado. Por otra parte, si utiliza sándalo, palo de áloe y clavo en el incensario, en realidad ha desperdiciado muchos recursos. El sándalo y el palo de áloe son muy escasos para ser usados en lugar de carbón. Consérvelos y empléelos para hacer espaguetis de excelente calidad. Reserve su makko, cualquier tipo que use, para hacer incienso en conos y palitos.

Carbón de bambú

La misma tradición que nos sugiere quemar makko también nos brinda la mejor alternativa: carbón de bambú. Lo he mencionado antes porque está libre de nitro. Este carbón es superior a todos los que he usado. Su aroma es muy sutil. También es hecho de un recurso altamente renovable. Como se lo dirá cualquiera que haya cultivado bambú, es una planta abundante que crece en muchos lugares y está lejos de encontrarse en peligro de extinción. El carbón se quema bien, aunque es un poco más lento para iniciar que la variedad de "autoencendido". De este modo, deje la quema de makko para los maestros de incienso y emplee el carbón de bambú como la mejor forma para quemar incienso suelto o húmedo o escuchar sus notas. Si está interesado en el estilo kodo, definitivamente debe conseguir carbón de bambú.

La ceremonia kodo

Quiero comenzar esta sección diciendo que no estoy entrenado en la tradición kodo. Estoy presentando mi propia interpretación de esta antigua tradición y no pretendo diferir con quienes tienen una preparación a fondo en dicha área. Esta es mi humilde interpretación y espero que mi explicación truncada no sea demasiado inadecuada.

El kodo emplea la misma ceniza y el incensario que se usarían para prender makko, y también necesitará un bloque de carbón de bambú y una lámina de mica. Llene el incensario con ceniza hasta la mitad. La ceniza y el carbón son bastante puros y puede utilizar la ceniza una y otra vez. Simplemente críbela después de cada uso y remueva partículas no quemadas. Presione el incensario para compactar un poco la ceniza. Sostenga el bloque de carbón (no lo haga con carbón de "autoencendido"), introdúzcalo hasta la mitad en la ceniza y retírelo cuidadosamente. Luego prenda el carbón y déjelo arder en otro incensario hasta que tenga un color gris uniforme. Es como esperar que el carbón en una parrilla llegue a ese punto "exacto" antes de empezar a usarlo. Coloque otra vez el carbón en la impresión en la ceniza (empleando tenazas metálicas) y adicione una o dos cucharadas de ceniza. Luego, amontone cuidadosamente esta ceniza alrededor del carbón utilizando un cuchillo mantequillero, una cuchara o algo similar. Es como escarchar un pastel. La idea es crear una "montaña" de ceniza perfectamente uniforme sobre el carbón ardiente, con la punta de la "montaña" en el centro del incensario. Después use un palillo grande o una broqueta para hacer un agujero en la punta de la "montaña" a través de la ceniza hasta el bloque de carbón enterrado. Una delgada lámina de mica va sobre el agujero y debe ser presionada ligeramente en la ceniza.

En este incensario altamente desarrollado, se adiciona una cantidad minúscula de palo de áloe (directamente en la lámina de mica). La madera es calentada gradualmente y el aroma liberado sin humo. La persona que "escucha" el palo de áloe sostiene el incensario y ahueca parcialmente su mano sobre él, pone la cara sobre la abertura e inhala profundamente a través de la nariz. Luego el incensario es pasado de una persona a otra. Diferentes tipos de palo de áloe (en realidad, cada árbol tiene un olor único) son quemados de esta forma. Esta es una mayor evidencia de la naturaleza desarrollada de las tradiciones de incienso japonesas. Los maestros de este arte entienden el preciado valor del palo de áloe, y sólo se usa un pedazo minúsculo de madera en cada ocasión. Los maestros son conscientes de la necesidad de mantener estos materiales en la más alta reverencia.

Juegos con incienso y nerikoh

Aunque el kodo es un ritual ceremonioso, los japoneses también han brindado una variedad de prácticas con incienso seculares. Las tradiciones japonesas han mantenido diversos juegos con incienso donde a los participantes se les permite escuchar el sonido que producen varias maderas o incienso y luego deben identificarlos. Hay muchas formas de juegos en estas tradiciones y ojalá algún día tengamos un estudio pleno de ellos en Occidente. Este juego es fácil de llevar a cabo para enseñar a los no iniciados la variedad de ingredientes de incienso mágico: prenda carbón, queme un aromático, y luego pregúntele a los participantes sus impresiones. Continúe con una explicación rápida del uso de ese aromático. Luego siga con otro aromático. Después de presentar media docena de aromáticos, rételos a identificarlos cuando sean quemados una segunda vez. También podría combinar dos de los aromáticos y desafiar al grupo a identificarlos. La idea no es derrotar a los otros jugadores o que alguien pierda, sino que todos se diviertan y tal vez expandan un poco sus mentes.

En la antigüedad muchos de estos juegos eran practicados usando nerikoh. En el capítulo 7 incluí varias de sus recetas. Algunas están basadas en mezclas japonesas tradicionales y otras son nuevas recetas con ingredientes occidentales hechas en la forma del nerikoh. Ésta es una forma húmeda de incienso que emplea jalea de ciruela o miel como aglomerante. Es quemado en carbón vegetal como el incienso suelto, pero es añejado para que los aromas se mezclen bien. Es otra clase de incienso muy agradable de hacer y yo lo animo a ensayarlo.

Los japoneses nos han dado el regalo de mil años de investigación y tradición. Aunque ignorando mucha de la tradición de incienso occidental, el incienso japonés sigue siendo el más refinado y desarrollado del mundo. Adaptar sus técnicas a las prácticas de incienso modernas es fácil y gratificante. En el mercado hay varios libros que tratan las prácticas y métodos japoneses con mucho más detalle. Si eso le interesa, lo animo a investigar a profundidad el tema. También hay al menos una escuela de incienso japonés formal y una no formal en los Estados Unidos. Estos grupos son una fuente de información.

GLOSARIO

Aceite esencial: Es un aceite extraído de materiales vegetales usualmente por medio de la destilación. Aunque los aceites son extraídos de plantas naturales, el proceso de extracción puede conducir a la pérdida de químicos encontrados en estado natural en la planta y a la creación de nuevos compuestos a través de cambios químicos. Los aceites deben ser usados con cuidado en el incienso. Se hace maravilloso incienso natural de "hierba entera", sin el uso de aceites, pero desde luego pueden ser incluidos.

Aceite fragante: Una imitación sintética de un aceite vegetal auténtico. Los aceites fragantes nunca deben ser usados en incienso ritual o incienso etiquetado "todo natural".

Aglomerante: Los aglomerantes son la "goma" que sostiene el incienso. Muchas sustancias pueden ser utilizadas como tal. Por lo general se pulverizan y adicionan a la mezcla seca de ingredientes antes de agregar agua.

Árbol: Un "árbol de incienso" es un tipo de quemador diseñado para usar palitos con varas de bambú. Algunos son hechos de piedra o metal y pueden emplearse para quemar espaguetis.

Aromático: Cualquier sustancia que produzca una fragancia deseable al ser quemada. Los aromáticos dan la mayor parte del aroma de cualquier incienso.

Athame: Un cuchillo usado en prácticas mágicas y rituales. Es de doble filo y tiene mango negro. Se utiliza para canalizar y enfocar energía y no para cortar.

Base: Un material base es utilizado en incienso para mejorar las propiedades de encendido de éste. El polvo de madera es la base más común, pero pueden emplearse otros materiales (tales como clavo o agujas de árboles de hoja perenne).

Bastón: Es una vara larga que suele medir más de cinco pies. Se usa con mayor frecuencia en rituales al aire libre.

Blanco: Un palito o cono de incienso sin aroma. La mayoría de blancos son de mala calidad y no recomendables.

Bote: Es un tipo de quemador de incienso diseñado para contener palitos con varas de bambú. Algunos son hechos de piedra o metal y también pueden emplearse para quemar espaguetis.

Calderón: Una vasija redonda con tres patas. Muchas veces es fabricada de hierro colado, aunque también se emplea peltre, latón y piedra. A menudo se encuentra en altares para representar el elemento agua.

Cáliz: Es una copa utilizada para contener agua o bebidas rituales en un altar. Oscilan entre las copas sencillas y elaboradas vasijas para beber.

Carbón de autoencendido: Carbón que es hecho usando nitro. Es fácil de prender, pero emana un olor desagradable. Este tipo de carbón no es recomendable.

Cilindro: Palitos de incienso cilíndricos sin vara de bambú. Los cilindros muy delgados son llamados "espaguetis", pero pueden ser tan gruesos como un lápiz sin punta.

Cono: Una pieza de incienso ahusada que es ancha en la base plana, no más gruesa que un lápiz sin punta.

Consumidor conspicuo: Una persona que colecciona ingredientes de inciensos costosos y poco comunes para impresionar a otros.

Cucharas medidoras: Son como las cucharas de medición en la típica cocina norteamericana. Para este libro las necesitará en tamaños de $1/8$ cucharadita, $1/4$ cucharadita, $1/2$ cucharadita, 1 cucharadita y 1 cucharada.

Cultivar: Una variedad particular de una especie vegetal. Por ejemplo, "beefsteak" y "big tom" son variedades de tomate. Diferentes variedades de las mismas plantas aromáticas a menudo tienen fragancias distintas.

Disco: Un disco de incienso es una capa delgada de masa cortada en círculo y secada.

Transmitir energía: La transmisión de energía de un objeto o ser a otro. Grandes energías mágicas son canalizadas a través de las herramientas rituales (especialmente athames), y parte de esta energía puede ser pasada al incienso al fabricarlo. El incienso mismo transmite energía cuando es quemado. Este término se refiere a la transferencia de energía personal.

Espacio sagrado: Un área física transformada de espacio "normal" a un lugar donde la magia ritual puede ser desarrollada fácilmente limpiando, energizando, y llamando espíritus y deidades. El espacio es sagrado porque es un sitio donde se invita a Diosas y Dioses.

Espagueti: Es un cilindro de incienso del tamaño de un espagueti o más delgado y sin vara de bambú. Esta es la forma ideal para el incienso.

Exprimidor: Herramienta utilizada para forzar el flujo de la masa de incienso a través de una pequeña abertura para formar palitos sólidos.

Herramientas de altar: Cualquier objeto físico que podríamos usar en el altar o durante prácticas mágicas. Esto sin duda incluye calderones, athames, cálices, bastones, incensarios ceremoniales, pentaclos, varitas mágicas, campanas rituales y candeleros.

Hierba entera: Incienso hecho con hierbas, maderas y resinas usando aglomerantes naturales y sin aceites adicionales. Esta filosofía de fabricación de incienso aboga por el uso de materiales vegetales únicamente y genera el incienso más natural.

Imaginación (ojo de la mente): La capacidad de ver sin visión. El ojo de la mente es parte de la imaginación y nos permite "ver" cosas incluso cuando nuestros ojos están cerrados. ¿Puede usted cerrar los ojos y ver el rostro de su madre? Eso es ver con la imaginación.

Incensario: Un quemador de incienso lleno de arena, ceniza o roca. Puede ser usado para quemar cualquier forma de incienso. Los incensarios suelen ser encontrados en altares y son una parte importante de algunos trabajos mágicos.

Incienso amasado y formado: Incienso hecho de hierba, resina y polvo de madera. Los ingredientes son mezclados con agua y amasados para formar palitos y conos. Este es el mejor tipo de incienso.

Incienso de autoencendido: Incienso que arde sin calor de una fuente externa. Conos, palitos y rollos espirales son ejemplos de este tipo de incienso.

Incienso húmedo: A veces llamado "incienso amasado", es hecho con miel u otros aglomerantes inusuales que no se secan. El incienso húmedo no se prende por sí mismo y debe aplicársele calor. Algunas de las recetas de incienso más antiguas son mezclas húmedas.

Incienso suelto: Este término describe incienso que no es de "autoencendido". Es llamado "suelto" porque no contiene un aglomerante que lo mantenga unido. Debe ser quemado sobre una fuente de calor que suele ser carbón vegetal.

Incienso sumergido: Incienso hecho metiendo incienso "blanco" (sin aroma) en aceite. La mayor parte de este incienso se hace utilizando aceites fragantes sintéticos. No recomiendo su uso.

Kodo: Una ceremonia con incienso japonesa hecha en grupo.

Limpieza: El proceso de remover o desterrar energías negativas. La limpieza a menudo es hecha antes de usar un espacio o una herramienta para propósitos mágicos.

Lugar de poder: Una localización física que contiene o canaliza energía mágica. Stonehenge es un sitio de poder para multitudes de personas. Tal vez para usted podría serlo el primer lugar al que su padre lo llevó a hacer camping.

Maestro de incienso: Alguien que ha dedicado su vida al estudio y perfección de la fabricación de incienso. Aunque algunos dicen que el término "maestro" es masculino, en realidad identifica a alguien que domina a fondo una capacidad, sin importar el género. Hay un gran número de mujeres maestras de incienso.

Makko: La corteza de un árbol (Machillus thunbergii) usada como principal aglomerante en el incienso oriental. Sirve además como material base. También es llamado "tabu".

Mano de mortero: Una herramienta utilizada para moler. Por lo general es larga y delgada, y se usa en un mortero para machacar y pulverizar materiales de incienso.

Masa: Un término para el incienso mientras está húmedo. Es similar en textura a la masa utilizada en pastelería.

Materiales destructivos: Material para hacer incienso que requiere que la planta sea sacrificada para cosecharla. La mayoría de maderas son materiales destructivos, pero la mayoría de flores no.

Materiales no destructivos: Ingredientes para hacer incienso que pueden ser obtenidos sin sacrificar la planta que los provee.

Mezcla de aire: Un método de agitar aire dentro de un círculo mágico para mezclar diversos inciensos prendidos y obtener un solo aroma.

143

Molino: Un aparato usado para pulverizar ingredientes de incienso. Emplea dos piedras planas para moler material hasta dejarlo como un polvo muy fino.

Mortero: Usualmente un tazón grande y resistente empleado para moler. Se utiliza con una mano de mortero.

Nerikoh: Una antigua forma japonesa de incienso. Es una forma "húmeda" que debe ser añejada antes de usarse.

Nitro: También llamado salitre, es un nombre común para el nitrato potásico (o a veces el nitrato sódico). Se adiciona a incienso de baja calidad para hacerlo arder. Es un químico peligroso empleado en la fabricación de explosivos y debería ser evitado.

Palito de incienso: En este libro, el palito usualmente se refiere a incienso con una vara de bambú. Una forma diferente de palito de incienso es llamada "espagueti".

Pebete: Este es el nombre más tradicional para los "espaguetis".

Pebete: Otro término para un palito de incienso "blanco".

Pentaclo: Un pentagrama, a menudo en relieve, usado en un altar como punto focal y lugar de ofrenda.

Quemadores combinados: Un quemador de incienso diseñado para contener palitos y conos.

Quemar con makko: Un método para quemar incienso suelto que emplea polvo ardiente en un incensario en lugar de usar carbón vegetal. Funciona bien pero no es recomendable porque se desperdician valiosos recursos naturales.

Resina: La savia o fluido seco de una planta o árbol. La resina a menudo es aromática.

Ritual: Uso esta palabra como un término general para referirme a cualquier práctica o hechizo mágico —desde los más elaborados hechizos en el altar, hasta la magia más simple (como decir "feliz cumpleaños")—.

Rollos de incienso: Son largos espaguetis enrollados para formar una espiral creciente de incienso. Pueden ser hechos para que ardan muchas horas (o incluso días).

Tabla de secado: Una tabla sin barnizar ni pintar usada para poner incienso mientras se seca. La mayoría de tablas de secado son de madera llana, pero algunas tienen canales hechos para evitar que los espaguetis se tuerzan.

Vara de bambú: Las varas de bambú son usadas en algunos palitos de incienso. Sirven para fortalecer el incienso y a veces de apoyo para enrollar incienso húmedo.

Varita (mágica): Generalmente hechas de madera, las varitas son usadas para canalizar, dirigir y a veces aumentar energías mágicas.

Visualización: El proceso de ver con la imaginación (el ojo de la mente). La visualización es una parte para cargar energéticamente incienso y para la magia en general.

BIBLIOGRAFÍA

Bedini, Silvio A. *The Trails of Time: Time measurement with incense in East Asia Shih-chien ti tsu-chi*. New York: Cambridge University Press, 1994.

Bremness, Lesley. *The Complete Book of Herbs*. New York: Penguin Studio, 1988.

Cunningham, Scott. *The Complete Book of Incense, Oils & Brews*. St. Paul, Minnesota: Llewellyn Publications, 1989.

———. *Enciclopedia de las Hierbas Mágicas*. St. Paul, Minnesota: Llewellyn Español, 1999.

———. *Herbalismo Mágico*. St. Paul, Minnesota: Llewellyn Español, 2003.

Fettner, Ann Tucker. *Potpourri, Incense and Other Fragrant Concoctions*. New York: Workman Publishing Company, 1977.

Fischer-Rizzi, Susanne. *The Complete Incense Book*. New York: Sterling Publishing Co., Inc., 1998.

Junemann, Monika. *Enchanting Scents: The Secrets of Aromatherapy*. Durach-Bechen, Germany: Lotus Light Publications, 1988.

Meyer, Clarence. *Sachets, Potpourri & Incense: Recipes, etc.* Glenwood, Illinois: Meyerbooks, 1993.

Miller, Richard Alan. *The Magical and Ritual Use of Herbs*. Rochester, Vermont: Destiny Books, 1993.

Morgan, Keith. *Making Magickal Incenses & Ritual Perfumes*. London: Pentacle Enterprises, 1993.

"Occupational safety and health guideline for dipropylene glycol methyl ether" en Occupational Safety and Health Administration (OSHA) Health Guidelines database [database en linea]; disponible en http://www.osha-slc.gov/SLTC/ healthguidelines/dipropyleneglycolmethylether/recognition.html; Internet; consultado en junio 28, 2002.

Smith, Steven R. *Wylundt's Book of Incense*. York Beach, Maine: Samuel Wiser, Inc., 1989.

Wildwood, Chrissie. *The Bloomsbury Encyclopedia of Aromatherapy*. London: Bloomsbury Publishing Plc, 2000.

146

También quiero agradecer a todos los miembros de Alice's Restaurant Incense List por sus artículos y discusiones sobre hacer incienso con ingredientes naturales, información sobre fabricación de incienso japonés y técnicas de encendido, los riesgos de químicos como DPG, nitro y otros usados comúnmente en la fabricación de incienso. Aunque no es posible citar cada uno individualmente, sus artículos fueron fuentes importantes para este libro.

ÍNDICE